Johanna Handschmann

Aufläufe aus der Vollwertküche

Reizvolle Rezepte
und praktischer Rat

GU

Gräfe und Unzer

Umschlagfotos:
Vorderseite: Lauter köstliche Aufläufe: Canneloni mit Tomaten, Mangold, Pilzen und Käse, Rezept Seite 34; Rosenkohl-Gratin mit Maronen, Rezept Seite 66; Polentagratin mit bunter Gemüsefüllung, Rezept Seite 61; Tomaten mit Kräuter-Knoblauchfüllung, Rezept Seite 81.
2. Umschlagseite: Eine bunte Gemüsequiche kann man je nach Jahreszeit und persönlichem Geschmack mit beliebigem Gemüse zubereiten. Rezept Seite 90.
3. Umschlagseite: Die Gratinierte Fruchtmischung ist schnell zubereitet. Rezept Seite 100.
Rückseite: Beliebte Gerichte für die Gästebewirtung: Moussaka, Rezept Seite 73; Quarkgratin mit Früchten, Rezept Seite 96; Dinkel-Möhrenauflauf, Rezept Seite 58; Bratäpfel im Mandelbiskuit, Rezept Seite 95.

CIP-Kurztitelaufnahme der Deutschen Bibliothek

Handschmann, Johanna:
Aufläufe aus der Vollwertküche : reizvolle Rezepte u. prakt. Rat / Johanna Handschmann. - 3. Aufl. - München : Gräfe und Unzer, 1989.
(GU-Vollwert-Kochbücher)
ISBN 3-7742-2446-3

3. Auflage 1989

Redaktion: Cornelia Schinharl
Herstellung: Johannes Schmidt-Thomé
Farbfotos: Susi und Pete A. Eising
Zeichnungen: Gerlind Bruhn
Umschlaggestaltung: Heinz Kraxenberger
Satz und Druck: Appl, Wemding
Reproduktionen: Brend'amour, Simhart GmbH & Co.
Bindung: Sellier, Freising

ISBN 3-7742-2446-3

Johanna Handschmann
stammt aus Rippberg im Odenwald. Nach dem Abitur studierte sie neben anderen Fächern das Fach Hauswirtschaft in Karlsruhe.
Durch die Krankheit einer Kollegin lernte sie die Vollwertkost und deren positive Auswirkungen kennen und begann, sich intensiv mit dieser Art der Ernährung zu beschäftigen. Die Aspekte der Vollwertkost integrierte sie als Hauswirtschaftslehrerin sowohl in den Unterricht als auch in den privaten Bereich mit dem Ziel, diese Ernährungsweise für Kinder und Erwachsene gleichermaßen attraktiv und verlockend zu gestalten.
In Lehrerfortbildungskursen und in Kochkursen an Volkshochschulen überzeugt sie viele Menschen von den Vorzügen der Vollwertkost und der Schmackhaftigkeit ihrer Gerichte.
Johanna Handschmann wohnt am Bodensee, widmet sich mit Begeisterung der Kreation und Erprobung von Vollwertrezepten und schrieb für die Reihe »Kleine GU Vollwert-Kochbücher« bereits »Weizen, Hirse, Haferkorn . . .«

Wichtiger Hinweis
Beim Getreidekauf muß darauf geachtet werden, daß das Getreide gereinigt ist. Es muß befreit sein von Schmutz und Unkrautsamen (vor allem Samen der giftigen Kornrade). Auch der heute seltene Pilzparasit, der vor allem den Roggen befällt, das Mutterkorn, darf nicht enthalten sein. Es ist ein schwärzliches, meist stark vergrößertes Getreidekorn. Mutterkorn ruft beim Genuß lebensgefährliche Vergiftungserscheinungen hervor. Getreide muß also vor der Verarbeitung unbedingt verlesen werden.
Bittermandeln wirken in größeren Mengen giftig.
Sie dürfen deshalb nur in kleinen Mengen als Gewürz verwendet werden und sollten immer unerreichbar für Kinder aufbewahrt werden.

Inhalt

Inhalt

Ein Wort zuvor

Die meisten wissen, was Vollwertkost bedeutet und viele kennen ihre Vorzüge bereits. Kurz gesagt für die »Neulinge« bedeutet Vollwertkost folgendes: Lebensmittel sollen der Gesundheit dienen und gut schmecken, sie sollen der Umwelt nicht schaden, wenig Schadstoffe enthalten und so naturbelassen wie möglich verarbeitet werden. Nicht nur, wie Sie mit dieser »These« in der Praxis umgehen können, zeige ich Ihnen mit diesem Buch, sondern auch, daß man sich gesund ernähren kann, mit Gerichten, die auch noch wunderbar schmecken.
Gerade mit knusprig-duftenden Aufläufen, den Lieblingsgerichten von Groß und Klein, lassen sich auch Skeptiker von den Vorzügen dieser sinnvollen Ernährungsform leicht überzeugen.
Aufläufe sind wie geschaffen für die Vollwertküche. Lebensmittel von unterschiedlichstem Geschmack lassen sich so ideal kombinieren, daß sie vollwertige Mahlzeiten ergeben. Wichtig ist nur, daß die verwendeten Zutaten so naturbelassen, frisch und interessant wie möglich zusammengestellt und gewürzt werden.
Ich stelle Ihnen in diesem Buch köstliche pikante und süße Hauptgerichte und Desserts in Auflauf-Form vor. Die Kombinationen aus Vollgetreide, Kartoffeln, Gemüse, verschiedenen Obstsorten, Milchprodukten und Eiern werden Sie bestimmt begeistern. Mit überall erhältlichen Zutaten und auch ohne eigene Getreidemühle können Sie vollwertige Gerichte zubereiten, mit denen Sie Ihre Familie und auch Ihre Gäste überraschen können. Die vielen brillanten Farbfotos in diesem Buch werden Sie schon vor dem ersten »Test« von der Vielseitigkeit der Gerichte überzeugen!
Da Aufläufe nicht nur unglaublich gut schmekken, sondern auch noch eine ganze Menge anderer Vorzüge haben, garantiere ich Ihnen, daß Sie schon nach kurzer Zeit meine Rezepte in Ihrem Repertoire nicht mehr missen möchten.
Aufläufe helfen Zeit zu sparen, denn während der Backzeit können Sie die Arbeitsgeräte wegräumen und in Ruhe die Salatvorspeise essen. Die in diesem Buch vorgestellten Gerichte sind zudem sehr preiswert, da sie keine teuren Fleisch-, Wurst- und Fischzutaten enthalten. Ich bin sicher, Sie werden diese Produkte nicht vermissen, denn auch ohne sie lassen sich kulinarisch überraschende Gerichte zubereiten. Bei der Zusammenstellung habe ich darauf geachtet, daß alle Zutaten so naturbelassen wie möglich und ernährungsphysiologisch sinnvoll verarbeitet werden.
Wie Sie sicher wissen, wird bei der Vollwertkost auf schonendes und kurzes Garen geachtet, da die Lebensmittel sonst zuviel an wertvollen Inhaltsstoffen verlieren. Durch kurzes Vorgaren der Zutaten erreiche ich bei der Zubereitung der Aufläufe eine Verkürzung der eigentlichen Backzeit.
Damit auch Ungeübte gut zurechtkommen, habe ich die Rezepte so unkompliziert wie nur möglich beschrieben. Die informativen Zeichnungen sowie die Schritt-für-Schritt-Abbildungen werden Ihnen zusätzlich bei der Zubereitung etwas schwierigerer Gerichte behilflich sein.
In dem kurzen theoretischen Teil dieses Buches finden Sie einige Tips zum rationellen Kochen und eine kleine Warenkunde. Wenn Sie mit der Vollwertkost noch nicht ganz vertraut sind, können Sie dieser Kurzübersicht die wichtigsten Regeln entnehmen. Sie werden sehen, daß die Vollwertkost eine Ernährungsart ist mit wenigen, ganz klaren und einleuchtenden Vorgaben. Probieren Sie es einfach aus! Der Geschmack und Ihr Wohlbefinden werden Sie überzeugen!
Und nun viel Spaß beim Zubereiten der Aufläufe und einen guten Appetit!

Ihre Johanna Handschmann

Vollwertkost kurz gefaßt

»Vollwert-Ernährung ist eine Ernährungsweise, in der ernährungsphysiologisch wertvolle Lebensmittel schmackhaft und abwechslungsreich zubereitet werden.« Sie besteht vornehmlich aus pflanzlichen Lebensmitteln, wie Vollgetreide, Gemüse und Obst, möglichst aus kontrolliertem Anbau, sowie Milch und Milchprodukten. Etwa die Hälfte der Lebensmittel wird unerhitzt als Frischkost verzehrt. Fleisch und Eier spielen eine untergeordnete Rolle. Vollwert-Ernährung unterscheidet sich von der üblichen Mischkost dadurch, daß die verwendeten Lebensmittel nicht übertrieben be- und verarbeitet werden.

Vollwerternährung unterstützt einerseits die körperliche und geistige Leistungsfähigkeit, andererseits kann sie das Abklingen von ernährungsbedingten Gesundheitsstörungen beschleunigen.

»Vollwerternährung ist eine Synthese von bewährten Erfahrungen und wissenschaftlichen Erkenntnissen; sie ist ökologisch sinnvoll und notwendig.«

Alle Zitate nach: Leitzmann, v. Kürten, Männle (UGB-Forum Dez./Jan. 85/86)

Im folgenden möchte ich diese Empfehlungen für die Vollwertkost noch etwas näher erläutern:

- Vollwertkost enthält **reichlich Frischkost.** Unter Frischkost werden roh zu verzehrendes Gemüse (möglichst unterschiedlicher Art), Obst und andere unerhitzte Lebensmittel wie Frischkorn, Nüsse, nicht pasteurisierte Milchprodukte und naturbelassene Fette verstanden. Gemüse und Obst machen dabei etwa die Hälfte der Frischkost aus. Der Frischkostanteil beträgt im Idealfall 50–60%, mindestens aber 20–30% der täglichen Nahrungsmenge. Die Rohkost sollte abwechslungsreich sein und grundsätzlich vor der gegarten Mahlzeit gegessen werden, da dadurch der Verdauungsvorgang günstig beeinflußt wird. Für die gute Verträglichkeit und Verdauung der Nahrung ist es wichtig, daß die Rohkost gründlich gekaut wird.
- Gegarte Vollwertkost wird **so kurz und so schonend wie möglich** erhitzt. Gemüse soll beim Garen seine frische Farbe behalten und beim Verzehr noch knackig sein.
- Vollwertkost enthält **möglichst naturbelassene Lebensmittel.** Das heißt, daß für die Ernährung die Lebensmittel im wesentlichen so verwendet werden, wie sie in der Natur vorkommen. Naturbelassene Lebensmittel sind zum Beispiel das Vollgetreide, frisches Gemüse, Obst und kaltgepreßte Öle. Industriell aufbereitete Nahrungsmittel wie zum Beispiel Weißmehle, Konserven und raffinierter Zucker sind möglichst zu meiden, da sie nur noch wenig beziehungsweise gar keine wertvollen Nahrungsbestandteile mehr enthalten. Naturbelassene Lebensmittel haben dagegen noch den vollen Gehalt an Nähr-, Vital- und Ballaststoffen, die vom Körper optimal ausgenutzt werden können, da sie in einem natürlichen Verbund vorkommen.
- Vollwertkost **verzichtet auf isolierte Zucker** und daraus hergestellte Produkte. Auch vollwertige Süßungsmittel sollten nur in geringen Mengen gewissermaßen wie ein Gewürz verwendet werden, denn isolierte Zucker (weißer und brauner Zucker, Traubenzucker) haben – in größeren Mengen genossen – eine ungünstige Auswirkung auf das Stoffwechselgeschehen im Körper und natürlich auch auf die Zähne. Bei vollwertiger Ernährung reduziert sich der Appetit auf Süßes von ganz alleine. Zum Süßen der Speisen werden natürliche vitalstoffhaltige Süßungsmittel verwendet wie zum Beispiel süße Früchte, Honig oder Vollrohrzucker (Zuckerrohrgranulat). Auch hier sollte man bedenken, daß durch Erhitzen dieser Produkte der Vitalstoffanteil vermindert wird.
- Vollwertkost enthält **wenig tierisches Eiweiß,** da diese Produkte für die menschliche Ernäh-

rung nicht unbedingt notwendig sind. Im Übermaß genossen, können sie sich sogar negativ auf die Gesundheit auswirken. Fachleute empfehlen nur einen mäßigen Verzehr dieser Produkte, das heißt pro Woche 1–2 Fleischmahlzeiten (dabei möglichst kein Schweinefleisch), 1 Fischmahlzeit und 1–2 Eier. Milch und Milchprodukte (möglichst unerhitzt) sind im Rahmen einer ausgewogenen vollwertigen Ernährung empfehlenswert. Bei Milchprodukten ist zu beachten, daß gesäuerte Produkte wie Käse, saure Sahne und Joghurt bekömmlicher sind als ungesäuerte.

• Bei der Vollwertkost werden die **naturbelassenen Fette** in Maßen verzehrt. Alle extrahierten (einfache Öle), gehärteten (die meisten Margarinesorten) sowie Platten- und Kunstspeisefette werden nicht verwendet. Empfehlenswert ist Butter als Streichfett und zum Verfeinern von Speisen. Für Salate werden kaltgepreßte Öle, zum Braten naturbelassenes Kokosfett oder gute Pflanzenöle (wie zum Beispiel Maiskeim- oder Olivenöl) verwendet.

• Vollwertkost ist immer **abwechslungsreich** zusammengestellt. Sie enthält eine Vielfalt von Lebensmitteln aus dem jahreszeitlichen Angebot. Treibhausware ist möglichst zu meiden, da sie einen geringeren Vitalstoffgehalt hat und oft stark mit Spritzmitteln behandelt wird.

• Wer sich vollwertig und gesund ernähren möchte, sollte **naturbelassene Produkte,** möglichst aus kontrolliertem Anbau, bevorzugen. Durch eine vermehrte Forderung der Verbraucher nach solchen Waren könnte das Angebot mit der Zeit verbessert werden. In vielen Gegenden existieren jetzt schon Erzeugervereinigungen, die biologisch angebaute Produkte vertreiben.

Leider gibt es heute keine gänzlich unbelasteten Lebensmittel mehr. Gerade deswegen ist es im Sinne einer gesunden Ernährung besonders wichtig, daß man solche Produkte wählt, die nicht noch zusätzlich zum Beispiel mit Spritzmitteln behandelt wurden, um die Zufuhr schädlicher Stoffe durch die Nahrung so gering wie möglich zu halten. Eine vollwertige Ernährung ist deshalb heute wichtiger als je zuvor, da sie unter anderem auch hilft, die körpereigenen Abwehrkräfte gegen Umweltbelastungen zu stärken.

Wenn Sie sich für die Vollwertkost entscheiden, sollten Sie jedoch wissen, daß es ganz normal ist, daß sich anfangs Unverträglichkeitserscheinungen einstellen können, weil der Körper schon zu sehr an eine Kost aus raffinierten Produkten gewöhnt war. Wichtig ist, daß Sie die Umstellung auf Vollwertkost nicht abrupt vornehmen, sich grundsätzlich Zeit zum Essen nehmen und gründlich kauen. Sie sollten raffinierte Zuckerprodukte vermeiden, da die gleichzeitige Zufuhr von weißem Zucker und Vollkornprodukten ungünstig ist. So können sich zum einen Blähungen einstellen und zum anderen wird durch den Zuckerabbau das in den Vollkornprodukten enthaltene Vitamin B sofort wieder verbraucht.

Wenn Sie bei der Nahrungsumstellung die in diesem Kapitel aufgeführten Regeln beachten, werden Sie schon nach einigen Wochen merken, daß Sie sich rundum wohl fühlen, viel wacher, frischer und auch leistungsfähiger sind als vorher.

Daß wegen der Aufnahme energiearmer Ballaststoffe, die vor allem in Gemüse und Vollgetreide enthalten sind, weniger energiereiche Nahrung gegessen wird, ist ein weiterer Vorteil der Vollwerternährung. Man ist einfach eher satt. So können Sie mit Vollwertkost auf gesunde Weise abnehmen beziehungsweise Ihr Gewicht halten. Aus diesem Grunde können Sie sich auch das lästige Kalorienzählen sparen. Die Angaben in diesem Buch dienen lediglich der Orientierung und dem Vergleich mit anderen Gerichten.

Vor dem Start zu lesen

Damit Sie bei der Zubereitung der Aufläufe zügig arbeiten können, sollten Sie vor Arbeitsbeginn alle Zutaten bereitstellen.

Mengen und Maße

Die meisten Rezepte sind für 4 Personen, manche auch für 4-6 Personen ausreichend. Die Mengen sind so gehalten, daß sie nach der obligatorischen Rohkostvorspeise ausreichend sättigen. Wenn Sie größeren Appetit haben oder aber nur 1-2 Portionen kochen wollen, lassen sich die Mengen auch problemlos entsprechend umrechnen, da ich - soweit möglich - gut teilbare Mengenangaben gewählt habe.
Der Genauigkeit halber habe ich die Maße in g oder in ccm angegeben, bei kleinen Mengen auch in Löffelmaßen. Vergleichen Sie bitte in der nachfolgenden Übersicht, ob Ihre Löffelmaße mit den in diesem Buch angegebenen Maßen übereinstimmen. Sie können sich das Abmessen beziehungsweise das Abwiegen der Zutaten noch weiter vereinfachen, wenn Sie vor der Benutzung dieses Buches überprüfen, ob Ihre Tassengröße mit den angegebenen Gewichtsmaßen übereinstimmt. Verwenden Sie dann immer die gleiche Tasse.

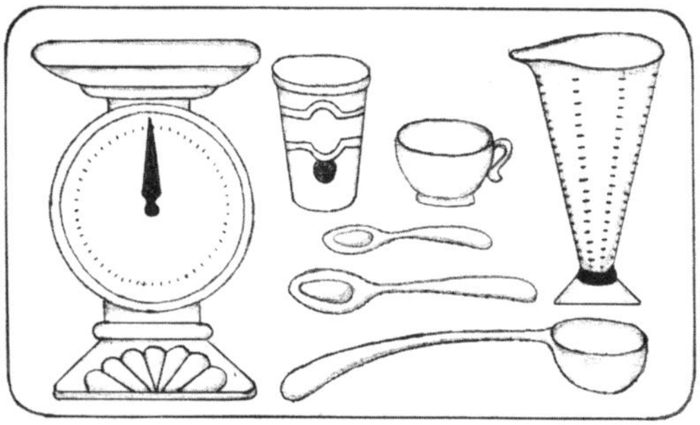

Meßgeräte ersparen zeitraubendes Abwiegen. Benützen Sie aber stets die gleichen Löffel, Tassen oder Becher, deren Fassungsvermögen Sie kennen. Dann gelingt alles gleichmäßig gut.

Nach meinen Erfahrungen gelten diese Gewichtsangaben für die meisten handelsüblichen normalen Kaffeetassen (nicht für Bechertassen!) oder für neuere Löffel. Eine Differenz von 10-20 g ist bei meinen Rezepten ohne weiteres tolerierbar. Sollten Sie keine entsprechende Tasse oder keinen Meßbecher mit ccm-Skala zur Verfügung haben, können Sie die für die Tassen angegebene Gewichtsmasse auch abwiegen; das Tassengewicht ist natürlich abzuziehen.

Einige Maße und Gewichte:

1 gestrichener Teel. Käutersalz oder Meersalz	5 g
1 Tasse Wasser, Milch oder Sahne	etwa 200 ccm (200 g)
1 Tasse Getreidekörner	200 g
1 leicht gehäufter Eßl. Getreidekörner	20 g
1 leicht gehäufter Eßl. Vollkornmehl	10 g
1 leicht gehäufter Eßl. Reibekäse	10 g
1 leicht gehäufter Eßl. Zuckerrohrgranulat	10 g
1 gehäufter Eßl. Butter	20 g
1 Würfel Gemüsebrühe	2 gestrichene Teel. gekörnte Brühe/Paste

- Die Buttermenge läßt sich am einfachsten durch Teilen des Butterstücks ermitteln: 125 g Butter erhält man, indem man das Butterstück einmal teilt und etwa 60 g durch Vierteln des Stückes. Weitere Zwischenmaße kann man dann einfach abschätzen.
- Beim Getreide können bezüglich der Wasseraufnahmefähigkeit und der Kochzeit leichte Unterschiede auftreten. Daher müssen Sie eventuell von Fall zu Fall etwas mehr Flüssigkeit zum Ausquellen dazugeben.

• Die Flüssigkeitsangaben gelten für Töpfe mit dicht schließendem Deckel. Wenn Sie andere Töpfe verwenden oder beim Kochen des Getreides oder des Gemüses den Deckel oft abheben oder es zu stark kochen lassen, vergessen Sie nicht, rechtzeitig noch etwas Flüssigkeit nachzugießen.
• Die Gemüsemengen sind so angegeben, wie Sie sie einkaufen oder aus Ihrem Garten ernten.

Praktische Tips, die Zeit und Energie sparen helfen

Wenn Sie die folgenden Tips beachten, erfüllen Sie eine Hauptforderung der gesunden Küche, nämlich die Lebensmittel so schonend und so kurz wie möglich zu garen. Weiterhin verraten Ihnen diese Tips, wie Sie bei den Vorbereitungen Zeit und durch die Einsparung von Energie auch Geld sparen können.
• Verwenden Sie zum Kochen von Gemüse so wenig Flüssigkeit wie möglich. Dadurch wird die Ankochzeit verkürzt und außerdem bleiben Auslaugverluste so gering wie möglich. Das gegarte Gemüse hat mehr Geschmack, als wenn es in viel Flüssigkeit gekocht worden wäre. Dieses Garen in wenig Flüssigkeit gelingt am besten, wenn Sie Töpfe mit dicht schließendem Deckel benutzen, die heute von vielen Firmen angeboten werden. Bedenken Sie auch, daß die Hitze in flachen breiten Töpfen das Gemüse gleichmäßiger durchdringen kann und somit der Garprozeß auch schneller abläuft.
Wichtig ist natürlich beim wasserarmen Garen, daß die Gartemperatur nicht zu hoch ist, da sonst zuviel Flüssigkeit verdunsten würde. Schalten Sie die Hitze daher nach dem Ankochen rechtzeitig zurück!
• Zum Garen von Aufläufen braucht man spezielle Formen. Es gibt flache und hohe Ausführungen, aus Glas, Porzellan oder Steingut. Die meisten Aufläufe oder Gratins habe ich in flachen Formen gegart, da in diesen die Garzeit kürzer ist. Hohe Formen habe ich nur gewählt, wenn die Zutaten mehrfach geschichtet werden sollen, wenn sie nicht sehr saftig sind oder wenn die Aufläufe stark aufgehen können, wie es zum Beispiel bei den Soufflés der Fall ist. In der Regel lassen sich die meisten Aufläufe, die für flache Formen vorgesehen sind, auch in hohen Formen zubereiten. Die Garzeit verlängert sich dann etwa um 5–10 Minuten.
• Viele Aufläufe, die eine kurze Garzeit haben, können Sie auch in einer Pfanne mit aufgelegtem Deckel auf der Kochstelle garen. Wichtig ist, daß in diesem Fall die Hitze nicht zu stark ist, damit der Auflauf nicht anbrennen kann.
• Um die Garzeit so kurz wie möglich zu halten, habe ich den Backofen immer etwa 5 Minuten vorgeheizt. Dies hat den Vorteil, daß man während der Aufheizzeit die Form im Backofen etwas vorwärmen kann. Sie gibt dann die Hitze schneller an das Gargut weiter und sie kann beim Einstellen auf den heißen Rost nicht zerspringen. Wenn die Form gefettet werden soll, kann man zugleich das Butterstück darin zum Schmelzen bringen und spart sich so das Einpinseln. Man braucht die geschmolzene Butter nur noch durch Schwenken der Form verlaufen zu lassen.
• Backöfen zeigen häufig unterschiedliche Backergebnisse. Sogar bei Herden gleichen Typs konnten bei gleicher Einstellung unterschiedliche Temperaturen festgestellt werden. Aus diesem Grund kann die Anschaffung eines Backthermometers, das die Hitze im Backofen genau anzeigt, angebracht sein.
Die angegebenen Temperaturen in diesem Buch können immer nur als Richtwerte angesehen werden. Sie werden jedoch bald die für Ihren Herd richtige Einstellung herausfinden. Für Umluftbacköfen gelten andere Temperatureinstel-

lungen; in der Regel muß die Hitze 10–20% niedriger gewählt werden. Für Gasherde finden Sie die für die jeweilige Temperatur geltende Einstellung in der Gebrauchsanleitung Ihres Herdes.

• Das Fetten der Formen habe ich nur vorgeschlagen, wenn es mir unbedingt notwendig erschien. Das Einfetten ist nämlich nicht nötig, wenn die Zutaten saftig sind, oder mit einer Sauce übergossen werden.

• Zum Zerkleinern der Nahrungsmittel reicht in der Regel ein gutes Küchenmesser. Sie können jedoch viel Zeit sparen, wenn Sie einige kleine Hilfsgeräte einsetzen:

• Zum Zerkleinern von Gemüse in feine Streifen oder Scheiben ist ein Gemüsehobel, für den es oft auch verschiedene Einsätze gibt, sehr praktisch. Ein solches Gerät hat den Vorteil, daß die Gemüsescheiben gleichmäßig dick werden und dadurch gleichmäßig garen.

• Zum Reiben von Käse sind verschiedenartige Handreiben geeignet.

• Zum Zerkleinern von Käse, Nüssen oder Gemüse ist ein elektrisches Zerkleinerungsgerät mit einem rotierenden Messer sehr hilfreich. Es läßt sich auch bei kleineren Mengen rationell einsetzen, da es leicht zu reinigen ist.

• Einen elektrischen Mixstab kann man gut gebrauchen, wenn man Kartoffeln zu Brei verarbeiten will. Man kann sich hierbei das Durchpressen der Kartoffeln ersparen.

• Eine eigene Getreidemühle ist für meine Rezepte nicht notwendig, da nicht für alle Rezepte gemahlenes Getreide gebraucht wird. In den Fällen, in denen gemahlenes Getreide jedoch Verwendung findet, würde schon eine Handmühle oder eine elektrische Kaffeemühle ausreichen, da jeweils immer nur sehr kleine Getreidemengen benötigt werden. Natürlich können Sie das Getreide im Reformhaus oder Naturkostladen auch mahlen lassen. Vorgemahlenes Getreide verliert jedoch bald an Aroma und Wirkstoffen. Mit einer eigenen elektrischen Getreidemühle, die es auch als preisgünstige Vorsatzgeräte für die meisten Küchenmaschinen und elektrischen Zerkleinerungsgeräte gibt, und einem kleinen Vorrat an verschiedenen Körnern haben Sie den Vorteil, daß Sie jederzeit Ihren Lieblingsauflauf zubereiten können. Sollten Sie sich mit dem Gedanken tragen, eine Getreidemühle zu kaufen, lassen Sie sich bitte vor dem Kauf im Fachhandel, im Reformhaus oder Naturkostladen beraten. Gute Vorinformationen gibt Ihnen auch das Handbuch der Getreidemühlen.

• Ein für das Kochen von Getreide praktisches Gerät ist die »Spar-Gar-Box«, ein Styropor-Gehäuse, in das ein Edelstahltopf genau hineinpaßt. Man kocht die Körner nur an, stellt den Topf in die Box und läßt das Getreide ausquellen. Eine solche Kochkiste kann man sich auch selbst herstellen.

Grundanleitung zum Kochen von Getreidekörnern

Das Getreide wird zuerst verlesen, um eventuell vorhandene Verunreinigungen auszusondern. Dazu noch ein wichtiger Hinweis: In letzter Zeit gab es einige Meldungen in der Presse, daß in biologisch angebautem, meist direkt vom Bauernhof bezogenem Getreide gelegentlich Mutterkorn auftauchte. Es ist zu vermuten, daß das Getreide in diesen Fällen nicht gründlich gesäubert wurde. Sie sollten sich daher beim Kauf immer vergewissern, ob das Getreide ausreichend gereinigt wurde. Sie können das Getreide auch sichten, denn das schwarze Mutterkorn ist sehr leicht zu erkennen.
Das Mutterkorn ist ein durch Pilzbefall verändertes Getreidekorn und wirkt in größeren Mengen giftig. Das schwarze Mutterkorn ist größer

als ein Getreidekorn, kann aber auch in kleine Stücke zerbrochen sein. Innen ist es weiß. Befallen werden vorwiegend Roggen und seltener auch Weizen.
Um ganz sicher zu gehen und auch um andere Unsauberkeiten wie Steine und Unkrautsamen zu erkennen, sollten Sie das Getreide vor dem Kochen oder Mahlen erst zur Sichtprobe in eine Schüssel schütten, wie ich es mir angewöhnt habe. So können Sie sehr leicht eventuelle Verunreinigungen aussortieren, die nach meiner Erfahrung jedoch nur sehr selten vorkommen. Sollte jedoch trotzdem mal ein kleines Mutterkorn bei der Vermahlung in das Mahlgut gelangen, so hat dies noch keine gesundheitsschädigenden Auswirkungen.
(UGB-Forum Dez./Jan. 1985/86).
Nach dem Verlesen wird das Getreide in einem Sieb mit kaltem Wasser abgespült und je nach Art des Getreides unterschiedlich lange eingeweicht (am besten über Nacht). Danach werden die Körner in dem Einweichwasser aufgekocht und anschließend bei schwacher Hitze ausgequollen. Auf der abgeschalteten Kochplatte läßt man das Getreide noch kurz nachquellen.
Die Kochzeiten hängen von der Einweichzeit und der Qualität des Getreides ab. Die angegebenen Zeiten sind daher **Richtwerte.** Für das Kochen von kleineren Mengen als hier angegeben, brauchen Sie prozentual etwas mehr Flüssigkeit. Bedenken Sie auch, daß durch starkes Kochen oder durch zu häufiges Deckelabheben Flüssigkeit verdunstet, die wieder ersetzt werden muß!

Aus der folgenden Übersicht können Sie die Einweich-, Gar- und Quellzeiten der einzelnen Getreidearten entnehmen:

Getreideart (Menge für 4 Personen)	Einweichzeit (Stunden)	Kochzeit (Minuten)	Quellzeit (Minuten)
200 g Weizen, Dinkel, Roggen, Nacktgerste 400 ccm Wasser ½ Teel. Salz	3–12 1–3	20–60	15
200 g Reis, Grünkern, Nackthafer 400 ccm Wasser ½ Teel. Salz	0–1	25–40	15
200 g Hirse, Buchweizen 400 ccm Wasser ½ Teel. Salz	keine	15	15

- Zum Abmessen der Zutaten empfiehlt es sich mit Tassenmaßen zu arbeiten. Das heißt, auf 1 Tasse Getreidekörner (etwa 200 g) kommen 2 Tassen Wasser (etwa 400 ccm). (Siehe auch Kapitel Mengen und Maße.)
- Gegarte Körner haben etwa das 2½fache Gewicht der rohen, nicht eingeweichten Körner.
- Wenn Sie es eilig haben, können Sie die Körner, die eine längere Garzeit haben, auch unter Druck garen. Die Garzeiten betragen dann etwa die Hälfte der normalen Garzeit. Für das Druckgaren müssen die Körner nicht eingeweicht werden. Wenn sie schon eingeweicht sind, verkürzt sich die Garzeit noch etwa um die Hälfte. Nach dem Ende der Garzeit den Topf nicht abdampfen lassen, sondern abkühlen und das Getreide dabei nachquellen lassen. Das Garen unter Druck sollte nur als Notlösung betrachtet werden, da es nicht so wertschonend ist.
- Bei den Getreidesorten, die lange einweichen müssen, empfiehlt es sich, die doppelte Menge zuzubereiten und diese im Kühlschrank oder in der Tiefkühltruhe aufzubewahren.

Kleine Vollwert-Warenkunde

Die meisten in diesem Buch verwendeten Zutaten werden Ihnen sicher bekannt sein. Einige in der Vollwertküche gebräuchliche Zutaten sind Ihnen jedoch vielleicht noch nicht so geläufig. Diese möchte ich in der folgenden kleinen Warenkunde kurz vorstellen und einige Anmerkungen zu anderen in der Vollwertküche verwendeten Grundlebensmitteln geben. Erhältlich sind die meisten in diesem Buch genannten Zutaten in Supermärkten oder Lebensmittelgeschäften. Die verschiedenen Getreidearten, Sojaprodukte und Samen können Sie im Reformhaus oder Naturkostladen kaufen.

Ahornsirup:
wird in Kanada oder den USA aus dem Saft der wildwachsenden Zuckerahornbäume durch Einkochen gewonnen. Der Sirup enthält wegen des Erhitzens nur noch geringe Mengen an Vitaminen. Ahornsirup hat einen leicht karamelartigen Geschmack und ist gut zum Süßen von Cremes oder Sahne geeignet, da er sich wegen seiner flüssigen Konsistenz gleichmäßig in der Speise verteilt. Ahornsirup sollte nach dem Öffnen im Kühlschrank aufbewahrt werden.

Austernpilze:
sind Zuchtpilze mit zartem Fleisch und dezent würzigem Aroma. Ihr Geschmack erinnert an Kalbfleisch, daher werden sie auch Kalbfleischpilze genannt.
Austernpilze werden in verschiedenen Sorten - von hellbeige bis mausgrau - angeboten. Man sollte beim Einkauf darauf achten, daß die Pilzhüte nicht zu groß und auf keinen Fall zerlappt sind, denn dann ist der Pilz zu alt. Austernpilze kann man, wenn nötig, bis zu 3 Tage im Gemüsefach des Kühlschranks aufbewahren. Bei der Lagerung bildet sich oft auf den Pilzen ein weißer, flaumartiger Belag. Das ist das Pilzmyzel und zeigt, daß Pilze auch nach der Ernte noch weiterleben und stellt keine Wertminderung dar.

Biosmon:
ist ein Mineralsalzgemisch, das zum Waschen und Frischhalten von Lebensmitteln dient. In Biosmon eingelegtes Gemüse laugt nicht aus.

Buchweizen:
ist kein Getreide, sondern der Samen eines Knöterichgewächses, der aber wie Getreide verwendet wird. Er schmeckt nußartig aromatisch und ist gut verträglich. Buchweizen ist sehr vitamin- und mineralstoffreich und enthält hochwertiges Eiweiß. Ein besonderer Inhaltsstoff ist Lezithin, das für den Cholesterinstoffwechsel wichtig ist. Buchweizen ist auch als ganzes Korn sehr schnell gar und ist daher besonders ideal für alle Gerichte, die schnell gehen müssen.

Butter:
ist ein natürliches Fett, das leicht verdaulich ist und den Geschmack der Speisen abrundet. Sie enthält neben Fett und Eiweiß reichlich Vitamin A, D und Mineralstoffe. Butter wird oft wegen ihres Cholesteringehaltes abgelehnt, was nicht angebracht ist. Neueste Untersuchungen zeigen, daß das durch die Nahrung zugeführte Cholesterin nur zu einem sehr kleinen Teil in körpereigenes Cholesterin umgewandelt wird und so beim gesunden Menschen kaum Einfluß auf den Cholesterinstoffwechsel im Körper hat. Vollwertige Ernährung wirkt dazu normalisierend auf den Cholesterinstoffwechsel.

Cashewkerne oder Cashewnüsse:
enthalten viele wichtige Nähr- und Wirkstoffe. Die Cashewnuß enthält sehr viel Magnesium und wirkt sich daher positiv auf Herz und Nervensystem aus. Cashewnüsse sind wegen der aufwendigen Ernte und Röstmethoden nicht ganz billig. Sie schmecken süßlich aromatisch und ganz besonders gut, wenn man die Kerne röstet.

Kleine Vollwert-Warenkunde

Champignons:
wachsen im Sommer und Herbst auf frisch gedüngten Wiesen und auch im Wald. Diese Pilze sollte jedoch nur sammeln, wer sie genau kennt. Frische Zuchtchampignons werden heute in fast allen Supermärkten und Gemüseläden das ganze Jahr über angeboten. Es gibt Züchtungen von weißen bis zu braunen Champignons, die auch Stein- oder Steinpilzchampignons genannt werden. Die dunkleren Sorten sind aromatischer als die weißen oder rosafarbenen, da sie mehr Trockensubstanz und weniger Wasser enthalten. Champignons kann man 1–2 Tage im Gemüsefach des Kühlschranks aufbewahren. Jedoch gilt wie für alle Pilze, daß sie frisch am besten schmecken. Als Ersatz für frische Pilze bietet der Handel seit neuem auch tiefgefrorene Champignons an, die unblanchiert eingefroren wurden und sich so ihr frisches Pilzaroma erhalten haben. Tiefgefrorene Pilze sind jedoch noch nicht überall erhältlich.

Couscous:
ist grob vermahlener Hartweizengrieß, der vor allem in Nordafrika zu Gemüse- oder Fleischgerichten gegessen wird.

Crème fraîche: siehe bitte Stichwort »Milchprodukte«.

Dinkel:
ist eine alte Kulturform des Weizens. Er hat einen feinen nußartigen Geschmack und einen höheren Klebereiweißgehalt als Weizen. Daher ist er besonders gut für Gebäck und Teigwaren (Spätzle) geeignet. Dinkel ist noch reicher mit Nähr- und Vitalstoffen ausgestattet als Weizen. Beachtenswert ist sein hoher Gehalt an Magnesium, das heute oft als »Anti-Streß-Mineral« bezeichnet wird. Da der Dinkelanbau sehr arbeitsintensiv ist, ist diese Getreidesorte leider ziemlich teuer.

Eier:
sollten möglichst von Hühnern stammen, die artgerecht gehalten werden.

Erbsen:
werden frisch oder getrocknet verwendet. Junge frische Erbsen, die mit der Schote gegessen werden, heißen Zuckerschoten oder Kefen. Frische grüne Erbsen werden meist tiefgefroren angeboten und sind relativ teuer. Preiswerter sind die getrockneten grünen und gelben Erbsen. Diese gibt es geschält und ungeschält. Die geschälten Erbsen sind leichter verdaulich und haben eine kürzere Garzeit, sind aber nicht so vollwertig wie die ungeschälten. Man erkennt ungeschälte Erbsen an der matten Schale. Getrocknete Erbsen gehören zu den wichtigsten pflanzlichen Eiweißlieferanten. Sie enthalten lebensnotwendige Eiweißbausteine und viele Vitalstoffe.

Gemüsebrühe:
ist eine wichtige Grundlage für Saucen und Suppen in der Vollwertküche. Man verwendet sie anstelle von Fleischbrühe. Gemüsebrühe kann man durch Kochen von Gemüse selbst herstellen. In diesem Buch habe ich Gemüsebrühkonzentrate verwendet, die als Würfel, granuliert oder als Paste im Handel sind. Diese Instant-Produkte enthalten Gemüse- und Kräuterkonzentrate, Hefe, Salz und meistens auch Fett. Man sollte beim Kauf darauf achten, daß das Produkt keine gehärteten Fette enthält.

Gomasio:
wird auch als Sesamsalz bezeichnet. Es ist eine Mischung aus ungeschältet gerösteten Sesamsamen und Meersalz, und enthält somit die wertvollen Fett-, Eiweiß- und Mineralstoffbestandteile der Sesamsamen. Gomasio schmeckt nußartig und paßt sehr gut zu Gemüse und Getreide aber auch zu Rohkostsalaten.

Kleine Vollwert-Warenkunde

Es rundet den Geschmack ab und liefert zugleich wertvolle Inhaltsstoffe. Gomasio kann man einfach selbst herstellen: Grobgemahlener Sesam und Meersalz werden im Verhältnis 10:1 in einer Pfanne unter Rühren so lange hin und her bewegt, bis sich der Sesam goldbraun färbt. Man kann diese Mischung in einem Schraubglas einige Wochen aufbewahren.

Grünkern:
ist unreif geernteter und danach auf Holzfeuern gedarrter Dinkel. Er schmeckt herzhaft würzig und ist hervorragend für Suppen, Eintöpfe, Aufläufe, Gemüsefüllungen und Bratlinge geeignet.

Haselnüsse: siehe bitte Stichwort »Nüsse und Samen«.

Hefeflocken:
eignen sich zum Verfeinern, zur Geschmackabrundung von Gemüse und Getreidegerichten und zum Binden von Saucen und Suppen. Hefeflocken enthalten pflanzliches Eiweiß und Vitamine der B-Gruppe. Besonders würzig schmecken Hefeflocken, wenn man sie anröstet.

Hirse:
ist das mineralstoffreichste Getreide und enthält als besondere Inhaltsstoffe Kieselsäure, Fluor, hochwertiges Eiweiß und Lezithin. Wegen ihres milden, angenehmen Geschmacks ist Hirse bei Kindern sehr beliebt. Sie schmeckt sowohl mit Gemüse als auch mit Obst gemischt. Die Garzeit ist kurz, kann aber je nach Sorte leicht von den angegebenen Zeiten abweichen.

Ingwer:
ist die knollige Wurzel einer südostasiatischen Pflanze mit würzigscharfem Aroma. Ingwer schmeckt frisch am besten, wird aber auch kandiert, getrocknet oder gemahlen angeboten.

Kartoffeln:
sind ein wichtiges Grundlebensmittel in der Vollwertküche. Sie sind kalorienarm, dafür aber reich an wertvollem Eiweiß, Vitaminen und Ballaststoffen. Beim Einkauf unterscheidet man Kartoffeln nach ihren Kocheigenschaften. Hinweise dazu finden Sie bei den einzelnen Rezepten.

Kichererbsen:
sind Hülsenfrüchte mit etwa erbsengroßen, gelblichen, unregelmäßig geformten Samen. Man kann sie keimen, kochen und pürieren. Kichererbsen muß man vor dem Kochen einweichen. Die Garzeit beträgt je nach Einweichzeit 30–90 Minuten.

Kräutersalz:
ist Stein- oder Meersalz, das mit feingemahlenem Gemüse und Kräutern vermischt wurde und daher »runder« würzt als reines Salz. Da es intensiver ist, benötigt man eine geringere Salzmenge als gewohnt.

Maisgrieß:
ist fein oder grob vermahlener Mais (Kukuruz), der in südlichen Ländern ein wichtiges Grundlebensmittel darstellt.

Mandeln: siehe bitte Stichwort »Nüsse und Samen«.

Milch und Milchprodukte:
sind in der Vollwerternährung wichtige Eiweißlieferanten: **Crème fraîche** ist eine nur leicht säuerlich schmeckende dicke Sahne mit einem Fettgehalt von etwa 30%. Sie flockt beim Erhitzen nicht aus und verleiht den Aufläufen eine cremige Konsistenz. **Saure Sahne** gibt es in Fettgehaltstufen von etwa 10–20%. Die fettreiche saure Sahne läßt sich als Ersatz für Crème fraîche verwenden.

Kleine Vollwert-Warenkunde

Nacktgerste:
ist eine spelzenlose Züchtung, die sich für Nahrungszwecke eignet. Rollgerste ist Gerste, bei der die Spelzen abgeschliffen wurden. Sie ist ähnlich wie Nacktgerste zu verwenden, hat jedoch eine etwas kürzere Garzeit und muß nicht eingeweicht werden. Die leicht verdauliche Gerste enthält besonders viel Kalium, Kalzium, Phosphor und Kieselsäure, die das Bindegewebe stärken.

Nackthafer:
ist eine spelzenlose Züchtung, die in der Vollwertküche Verwendung findet. Hafer hat von allen Getreidearten den höchsten Eiweiß- und Fettgehalt. Dazu enthält er viel Vitamin B_1. Hafer wirkt beruhigend auf die Verdauungsorgane und hilft, körperliche Anstrengungen zu meistern.

Naturreis oder Vollreis:
ist im Gegensatz zu weißem Reis nicht geschält und poliert und enthält deshalb noch die wertvollen Nähr- und Wirkstoffe, die das Reiskorn beinhaltet. Reis schmeckt mild und ist leicht verdaulich. Naturreis ist wegen des höheren Fettgehaltes nicht so lange haltbar wie weißer Reis, jedoch mindestens 6 Monate. Achten Sie beim Einkauf auf das Haltbarkeitsdatum!

Nüsse und Samen (Haselnüsse, Mandeln, Walnüsse, Sonnenblumenkerne, Sesamsamen, Maroni):
sind mit Ausnahme der Maroni sehr fetthaltig, eiweißreich und daher leicht verderblich. Sie sollten möglichst frisch verwendet und erst kurz vor der Verarbeitung zerkleinert werden. Beim Kauf sollte man auf unbeschädigte Kerne oder Samen und das Haltbarkeitsdatum achten. Bittere Mandeln sind eine spezielle Mandelsorte, die Blausäure enthält und nur in sehr kleinen Mengen verwendet werden darf. Bis zu 30 g bittere Mandeln auf 500 g Masse sind unbedenklich. In den Rezepten verwende ich nur 10 g! Bittere Mandeln sind stets für Kinder unerreichbar aufzubewahren.

Roggen:
enthält noch hochwertigeres Eiweiß als Weizen und darüber hinaus viele Mineralstoffe wie zum Beispiel Kieselsäure, Fluor und Jod. Wegen seines herzhaften Geschmacks ist er besonders für deftige Gerichte geeignet.

Safran:
ist ein aromatisch duftendes Gewürz mit milder Schärfe. Es wird aus den getrockneten Samenfäden einer Krokusart gewonnen. Für 1 kg Safran sind 100000 Blüten nötig. Diese Tatsache erklärt den hohen Preis. Safran verleiht den Speisen eine freundliche goldgelbe Farbe.

Salz:
ist ein wichtiges Würzmittel, das leider heute in zu großen Mengen verwendet wird. Man sollte auf sparsame Verwendung achten! In der Vollwertküche wird gerne Meersalz verwendet, da es mineralstoffreicher ist als Steinsalz.

Streuwürze:
ist ein rein pflanzliches Würzmittel, das aus feinvermahlenem Gemüse, Kräutern, Salz und Glutamat besteht. Es dient zur Abrundung und Verstärkung des Geschmacks von Speisen.

Sesamsamen: siehe bitte Stichwort »Nüsse und Samen«.

Sonnenblumenkerne: siehe bitte Stichwort »Nüsse und Samen«.

Sojamehl:
gibt es entfettet und vollfett. Letzteres kann als Ei-Ersatz zum Binden von Speisen oder beim Backen eingesetzt werden.

Kleine Vollwert-Warenkunde

Sojasauce:
besteht aus in Salz vergorenen Sojabohnen. Sie verstärkt den Eigengeschmack der Speisen, würzt und liefert Eiweiß und Mineralstoffe.

Sojaschrot:
wird aus voll aufgeschlossenen, ohne chemische Behandlung entbitterten Sojabohnen hergestellt. Es läßt sich als Zusatz für Aufläufe, Kuchen und Müsli verwenden.

Sojasprossen:
sind die Keime der Mungobohne. Man kann diese ganz einfach selbst ziehen oder frisch kaufen. Sojasprossen sollten, wenn man sie in größeren Mengen oder häufig ißt, vor dem Verzehr mindestens 2 Minuten blanchiert werden, da in allen rohen Bohnen ein Stoff enthalten ist, der den Eiweißstoffwechsel ungünstig beeinflussen kann.

Tofu:
ist ein rein pflanzlicher Quark, der aus Sojabohnen gewonnen wird. Tofu gehört in der asiatischen Küche zu den Grundlebensmitteln. Dieses Sojaprodukt enthält hochwertiges pflanzliches Eiweiß und ist leicht verdaulich. Der Geschmack von Tofu ist mild, neutral und kann daher für salzige und süße Speisen gleichermaßen verwendet werden. Bei Unverträglichkeit von Hühnereiern kann Tofu als Ersatz verwendet werden. Durch Einlegen in Marinaden kann man Tofu unterschiedliche Geschmacksrichtungen verleihen.

Weizen:
ist eines der wichtigsten Getreide, da er wegen seines hohen Klebereiweißgehaltes sehr gut zum Backen geeignet ist. Weizen enthält hochwertiges Eiweiß und viele Vitamine der B-Gruppe. Weizen schmeckt mild und neutral und kann daher sehr vielseitig verwendet werden.

Weizensprossen:
sind die 2–3 Tage alten Keime des Weizenkorns. Durch den Keimprozeß wird vor allem der Vitamingehalt gesteigert. Daher stellen Sprossen eine hervorragende Nahrungsergänzung dar.

Wildpfeilwurzelmehl (Maranthastärke):
eignet sich wegen der weißen Farbe zum Bestäuben von Desserts als Ersatz für Puderzukker, der in der Vollwertküche keine Verwendung finden sollte. Pfeilwurzel- oder Maranthastärke ist ein relativ naturbelassenes Produkt, das aus tropischen Wurzeln gewonnen wird. Es ist leicht verdaulich und gut verträglich. Erhältlich ist Pfeilwurzelmehl in Naturkostläden.

Zuckerrohrgranulat:
ist getrockneter Pflanzensaft aus Zuckerrohr, der auf schonende Weise gewonnen und nicht raffiniert wird. Dieser Vollrohrzucker enthält viele Vitamine und Mineralstoffe. Erhältlich ist er im Reformhaus und Naturkostladen.

Zuckermais:
ist eine Maiszüchtung, die relativ weiche Körner hat und süß schmeckt. Zuckermais kann roh oder kurz gegart gegessen werden.

Zuckerschoten: siehe bitte Stichwort »Erbsen«.

Der Kartoffel-Zucchini-Pilzauflauf wird mit einer würzigen Sahnesauce und frisch geriebenem Käse überbacken. Rezept Seite 47. ▷

Kleine Gratins

Diese kleinen Gratins sind leicht und schnell zubereitet, also ganz ideal, wenn Sie einmal wenig Zeit zum Kochen haben. Die Gerichte können in der angegebenen Menge nach einer Salatvorspeise als sättigendes Hauptgericht serviert werden. Einige eignen sich auch sehr gut als kleiner Imbiß, wenn Gäste kommen oder in kleineren Portionen als Zwischengang.

Ganz einfach · Kalt als Büromahlzeit geeignet

Schneller Gemüsegratin

Zutaten für 4 Personen:
3–4 Eier · Kräutersalz · etwas Streuwürze · ½–1 gestrichener Teel. Curry · 1 Messerspitze getrockneter Thymian · 150 g Weizen, feingemahlen · 3–4 Eßl. Hefeflocken · 1 große Zwiebel · 2 große Möhren (200 g) · 1 mittelgroßer Zucchino (250 g) · 100 g Hartkäse · 1 Bund Petersilie · 4 Eßl. Sonnenblumenkerne
Für die Form: Butter
Pro Portion etwa 1800 kJ/430 kcal
24 g Eiweiß · 20 g Fett · 38 g Kohlenhydrate · 9 g Ballaststoffe

◁ Für das Spinatsoufflé wird das Mehl in der erhitzten Butter angeschwitzt. Die Milch dazugießen und die Masse etwas einkochen lassen. Den Käse und die Eigelbe unter die abgekühlte Masse rühren, dann den vorbereiteten Spinat untermischen. Die steif geschlagenen Eiweiße mit einem Schneebesen unterheben und die Masse in einer feuerfesten Form backen. Rezept Seite 31.

Vorbereitungszeit: etwa 30 Minuten
Backzeit: 25–30 Minuten

- Die Eier und die Gewürze verquirlen. Das Weizenmehl und die Hefeflocken einrühren und den Teig 5–10 Minuten quellen lassen. Die Masse soll relativ fest sein, da sie später durch den Gemüsesaft noch geschmeidiger wird.
- Inzwischen die Zwiebel schälen und vierteln. Die Möhren waschen, schaben oder dünn schälen und in etwa 2 cm große Stücke schneiden. Den Zucchino waschen, von Stiel- und Blütenansatz befreien und grobwürfeln.
- Den Backofen auf 220° (Gas 3–4) vorheizen. Eine flache Auflaufform fetten.
- Das Gemüse zusammen mit dem Käse und drei Vierteln der Petersilie mit dem elektrischen Zerkleinerungsgerät oder mit dem Mixstab in 3–4 Portionen fein zerkleinern und sofort in die Ei-Weizenmasse einrühren. 3 Eßlöffel der Sonnenblumenkerne ebenfalls einrühren. Die Masse soll geschmeidig sein. Die Gemüsemischung in die Form gleiten lassen und mit den restlichen Sonnenblumenkernen bestreuen.
- Den Gratin auf der mittleren Schiene des Backofens in 25–30 Minuten goldbraun backen.
- Die restliche Petersilie feinschneiden und darüberstreuen.

Tip: Wenn Sie keines der verwendeten Geräte besitzen, zerkleinern Sie das vorher nicht zerschnittene Gemüse mit einem Gemüsehobel. Wichtig ist, daß das Gemüse sehr fein geschnitten beziehungsweise geraspelt wird. Wählen Sie für hartfaseriges Gemüse die feine Raspel und für weicheres, wie Zucchini oder Zwiebeln, die grobe Raspel.
Diesen Gratin kann man auch sehr gut in der Pfanne mit aufgelegtem Deckel zubereiten. Wichtig ist dann, daß er bei schwacher Hitze gebraten wird, da die Masse wegen des Käses leicht anbrennen könnte.

Variante:
Sie können aus dieser Masse auch eine leckere Gemüseterrine herstellen, die Sie kalt und in Scheiben geschnitten auf einem kalten Buffet oder als Beilage anbieten können. Backen Sie die Masse dann in einer sehr gut gefetteten oder mit gefettetem Pergamentpapier ausgelegten Kastenform bei 200° (Gas 2½–3) 40–45 Minuten und lassen Sie die Terrine in der Form auskühlen, damit sie sich gut stürzen läßt.

Resteverwertung · Ganz einfach · Schnell

Brotauflauf mit Käse

Was tun mit altbackenem Brot? Brotsuppe und Knödel haben Sie vielleicht schon mal probiert. Doch wie wäre es mal mit einem Auflauf? Sie können so nicht nur Brotreste, sondern auch noch Käse- und Sahnereste verwenden. Sie werden überrascht sein, wie gut Reste schmekken können!

Zutaten für 4 Personen:
4 altbackene Vollkornbrötchen oder Vollkornbrotscheiben (etwa 200 g) · etwa 600 ccm heiße Gemüsebrühe · 3–4 Eier · 100 g Sahne oder Milch · 1 Prise Muskatnuß, frisch gerieben · 2 Eßlöffel Hefeflocken · etwas Streuwürze · 1 Knoblauchzehe, nach Belieben · etwa 100 g Hartkäse, frisch gerieben oder gewürfelt · 1 Bund Petersilie, frisch gehackt · 1 Eßl. Sesamsamen
Für die Form: Butter
Pro Portion etwa 1600 kJ/380 kcal
18 g Eiweiß · 23 g Fett · 24 g Kohlenhydrate · 4 g Ballaststoffe

Vorbereitungszeit: etwa 20 Minuten
Backzeit: 20–25 Minuten

- Die Brötchen oder Brotscheiben in einer Schüssel mit der Gemüsebrühe übergießen und in 5–10 Minuten aufquellen lassen. Dabei die Brötchen- oder Brotstücke ab und zu wenden, damit sie gleichmäßig aufquellen.
- Inzwischen die Eier mit der Sahne oder der Milch, dem Muskat, den Hefeflocken und der Streuwürze verquirlen. Nach Belieben die Knoblauchzehe schälen, sehr fein schneiden oder durch die Presse drücken und unterrühren.
- Den Backofen auf 220° (Gas 3–4) vorheizen. Eine flache Auflaufform fetten.
- Die eingeweichten Brötchen zerpflücken und mit dem Käse und drei Vierteln der Petersilie locker vermischt in die Form geben.
- Die Eiermilch darübergießen. Die Oberfläche mit einem Löffel glattstreichen und die Sesamsamen darüberstreuen.
- Den Auflauf auf der mittleren Schiene in 20–25 Minuten backen, bis die Eimasse gestockt ist.
- Den Brotauflauf mit der restlichen Petersilie bestreut servieren.

Das paßt dazu: ein bunt gemischter Salat

Tip: Zu dem kernigen Geschmack dieses Auflaufs passen auch Pilze sehr gut.

Preiswert · Ganz einfach · Vielseitig

Gratinierte Roggenklößchen

Wenn Sie mal nicht wissen, was Sie kochen sollen und auch nicht viel Zeit haben, dann probieren Sie doch mal diesen Gratin mit Klößchen aus Getreide oder aus Kartoffeln. Sie benötigen wenig Zutaten, haben wenig Aufwand, dafür aber eine köstliche Mahlzeit. Dieses einfache Gericht kommt aus der Schweiz, wo es unter dem Namen Roggen- oder Kartoffelpfluten bekannt ist.

Zutaten für 4 Personen:
200 g Roggen, mittelgrob geschrotet ·
500–600 ccm Wasser · 1½–2 Teel. Kräutersalz ·
½ Teel. getrockneter oder 1 Teel. frischer Thymian · 3–4 mittelgroße Zwiebeln ·
40 g Butter · 100–150 g Greyerzer oder Emmentaler Käse, frisch gerieben
Zum Bestreuen: 1–2 Eßl. Petersilie, frisch gehackt
Für die Form: Butter
Pro Portion etwa 1700 kJ/400 kcal
15 g Eiweiß · 20 g Fett · 36 g Kohlenhydrate · 6 g Ballaststoffe

Vorbereitungszeit: etwa 30 Minuten
Backzeit: 10–15 Minuten

- Den Roggenschrot mit dem Wasser, dem Salz und dem Thymian verrühren und zum Kochen bringen.
- Den Roggenschrot bei schwacher Hitze 10–15 Minuten leicht köcheln lassen, dabei ab und zu umrühren. Den Schrot noch etwa 10 Minuten auf der abgeschalteten Platte zu einer festen Masse ausquellen lassen.
- Inzwischen die Zwiebeln schälen, abspülen, halbieren und in feine Streifen schneiden. Die Butter in einer Pfanne erhitzen und die Zwiebeln darin bei mittlerer Hitze goldbraun braten.
- Den Backofen auf 200° (Gas 2½–3) vorheizen und eine flache Auflaufform fetten.
- Mit einem in Wasser getauchten Eßlöffel Klößchen aus der Masse abstechen, in die Form setzen und mit dem Käse bestreuen.
- Den Gratin auf der mittleren Schiene des Backofens 10–15 Minuten überbacken, bis der Käse verlaufen ist.
- Den fertigen Gratin mit den Röstzwiebeln und der Petersilie bestreut servieren.

Das paßt dazu: ein bunter Salat oder gemischtes Gemüse

Variante: Dieses Rezept läßt sich auch mit anderen Getreidearten oder mit Kartoffeln zubereiten. Für die Kartoffelklößchen bereitet man aus 1 kg Kartoffeln, etwas Butter und Sahne einen Kartoffelbrei, der nicht zu weich sein sollte. Den Käse kann man in die Kartoffelmasse einrühren oder darüberstreuen. Wenn man möchte, kann man in die Getreide- oder Kartoffelmasse auch noch 1–2 Eier einrühren. Die Klößchen werden dann etwas fester.

Tip: Ganz fix geht es, wenn Sie die Klößchen in eine Pfanne setzen, den Käse darüberstreuen und bei geschlossenem Deckel zerlaufen lassen.

Ganz einfach · Raffiniert · Preiswert

Gratinierte Knoblauchnudeln

Dieses Gericht ist etwas für Knoblauchfans und solche, die es werden möchten! Wenn Sie Bedenken haben, daß der Knoblauchduft Arbeitskollegen oder Kunden stören könnte, dann bereiten Sie es zu Beginn des Wochenendes zu!

Zutaten für 4 Personen:
250 g Vollkornnudeln · Kräutersalz ·
1 Eßl. Pflanzenöl · ¼ l Gemüsebrühe ·
1–2 Knoblauchknollen · 200 g Crème fraîche oder 20%ige saure Sahne · 50 g Butter · 1 Ei ·
2–4 Eßl. Basilikum, frisch geschnitten oder 2–4 Teel. getrocknetes gerebeltes Basilikum
Pro Portion etwa 2000 kJ/480 kcal
13 g Eiweiß · 28 g Fett · 44 g Kohlenhydrate · 6 g Ballaststoffe

Vorbereitungszeit: etwa 25 Minuten
Backzeit: 20–25 Minuten

- Für die Nudeln 1½–2 Liter Wasser in einem großen Topf mit 1 Teelöffel Salz und dem Öl zum Kochen bringen. Die Nudeln auf einmal hineinschütten und im offenen Topf in 7–12 Minuten bei mittlerer Hitze nicht zu weich kochen lassen. Die Nudeln sollen noch Biß haben.
- Die Nudeln in ein Sieb gießen, mit kaltem Wasser abschrecken und abtropfen lassen.
- Inzwischen die Gemüsebrühe zum Kochen bringen. Die einzelnen Knoblauchzehen schälen und in der Gemüsebrühe in etwa 4 Minuten weich kochen. Den Topf auf die Seite stellen und die Brühe leicht abkühlen lassen.
- Kräutersalz, die Crème fraîche oder saure Sahne, die Butter, das Ei und drei Viertel des Basilikums in die Brühe geben. Mit einem Mixstab alle Zutaten verquirlen beziehungsweise pürieren. Wenn Sie keinen Mixstab haben, zerdrücken Sie die Knoblauchzehen mit einer Gabel oder pressen sie durch eine Knoblauchpresse und verquirlen die Zutaten mit einem Schneebesen.
- Den Backofen auf 200° (Gas 2½–3) vorheizen und eine flache Auflaufform bereitstellen.
- Die Nudeln in die Form füllen. Die Sauce darübergießen und leicht einrühren.
- Den Gratin auf der mittleren Schiene des Backofens in 20–25 Minuten überbacken.
- Den Gratin mit dem restlichen Basilikum bestreut servieren.

Tip: Wenn Sie kein Basilikum zur Verfügung haben, können Sie auch Petersilie verwenden.

Variante: Dieses Knoblauchgericht kann man auch gut mit Kartoffeln zubereiten. Man verwendet dann vorgekochte Kartoffeln, damit die Backzeit von etwa 25 Minuten ausreicht.

Raffiniert · Nudeln am Tag zuvor gekocht · Ganz einfach

Gratinierte Käsenudeln mit Safran

Zutaten für 4 Personen:
50 g Butter · 40 g Weizen, feingemahlen · ½ l Milch oder halb Milch halb Sahne · Kräutersalz · 1 Messerspitze Muskatblüte · 1 Messerspitze Safranpulver · 2–3 Eigelbe · etwa 700 g gekochte Vollkornnudeln (250 g ungekocht) · 150–200 g Emmentaler, frisch gerieben · 2–3 Eiweiße
Zum Bestreuen: 1 Eßl. Petersilie, frisch gehackt
Pro Portion etwa 2700 kJ/640 kcal
31 g Eiweiß · 34 g Fett · 52 g Kohlenhydrate · 7 g Ballaststoffe

Vorbereitungszeit: etwa 25 Minuten
Backzeit: 15–20 Minuten

- Den Backofen auf 200° (Gas 2½–3) vorheizen und eine hohe Auflaufform bereitstellen.
- Für die Sauce 40 g Butter in einem großen Topf (damit die Nudeln hineinpassen) aufschäumen lassen. Das Weizenmehl dazugeben und bei mittlerer Hitze unter Rühren etwa 1–2 Minuten leicht anschwitzen. Den Topf vom Herd nehmen und die Flüssigkeit hineingießen. Den Topf auf den Herd zurückstellen und die Masse unter Rühren leicht kochen lassen, bis die Sauce dickflüssig wird. Den Topf beiseite stellen und Salz, den Muskat und das Safranpulver sowie die Eigelbe einrühren.
- Die Nudeln und den geriebenen Käse unterheben. Die Eiweiße steif schlagen und mit einem Schneebesen vorsichtig unterheben. Die Masse in die Form füllen und die restliche Butter in Stückchen darauf verteilen.
- Die Masse auf der mittleren Schiene des

Backofens 15–20 Minuten backen, bis die Oberfläche leicht gebräunt ist.
- Die Käsenudeln mit der Petersilie bestreut servieren.

Tip: Dieses kleine Gericht paßt auch sehr gut in kleineren Portionen als Zwischengericht in einem Menü.

Ganz einfach · Raffiniert

Gratinierte Champignonköpfe

Zutaten für 4 Personen:
12 mittelgroße Champignons (etwa 500 g), am besten braune · 1–2 Eßl. Olivenöl · 1–2 Eßl. Vollkornbrösel · 4 Scheiben Vollkornbrot · 5 mittelgroße Tomaten · 4 große Scheiben Gouda oder Appenzeller
Für die Kräuterbutter: 100 g weiche Butter · 2–3 Eßl. Petersilie, frisch gehackt · Kräutersalz · etwas Pfeffer, frisch gemahlen · 2 Knoblauchzehen
Für die Form: Butter
Zum Bestreuen: 1–2 Eßl. Petersilie, frisch gehackt
Pro Portion etwa 2700 kJ/640 kcal
23 g Eiweiß · 44 g Fett · 36 g Kohlenhydrate · 8 g Ballaststoffe

Vorbereitungszeit: etwa 45 Minuten
Backzeit: 12–15 Minuten

- Eine flache, möglichst runde Auflaufform fetten.
- Die Champignons unter fließendem Wasser rasch abreiben und gegebenenfalls putzen. Die Stiele herausdrehen und kleinschneiden.
- Das Öl in einer Pfanne erhitzen und darin nacheinander die Champignonköpfe und die Champignonwürfel zugedeckt bei mittlerer Hitze etwa 5 Minuten vorgaren lassen.
- Die Champignonköpfe mit einem Löffel herausnehmen, die restliche Dünstflüssigkeit abgießen und die Köpfe rosettenartig in die Auflaufform setzen.
- Inzwischen in einer kleinen Schüssel für die Kräuterbutter die weiche Butter mit der Petersilie, Salz und Pfeffer verrühren. Die Knoblauchzehen schälen und sehr fein schneiden oder durch eine Presse drücken und ebenfalls unterrühren. Von der Kräuterbutter 1 Eßlöffel abnehmen, zu den Champignonwürfeln in der Pfanne geben und noch etwa 5 Minuten darin braten.
- Die Kräuterbutter bis auf einen kleinen Rest mit einem kleinen Löffel in die Pilzköpfe füllen. Die Vollkornbrösel auf die Pilzköpfe streuen.
- Den Backofen auf 200° (Gas 2½–3) vorheizen.
- Die Brotscheiben im Toaster oder in einer trockenen Pfanne rösten, leicht abkühlen lassen und dann in etwa 1 cm große Würfel schneiden.
- Die Tomaten waschen und die Strunkansätze entfernen. 4 Tomaten mit kochendem Wasser übergießen, etwa 2 Minuten darin liegenlassen, dann abgießen und leicht abkühlen lassen. Die Haut der Tomaten abziehen. Die Tomaten halbieren, die Samen entfernen und die Tomatenhälften in kleine Stücke schneiden.
- Die Tomatenstücke und die Brotwürfel mit den Pilzstückchen in der Pfanne vermischen.
- Die restliche Tomate mit der ausgeschnittenen Strunkseite nach oben in die Mitte der Form setzen und die Brot-Tomaten-Pilzmischung um die gefüllten Pilzköpfe und die Tomate herum verteilen. Die Tomate oben noch kreuzweise einschneiden und die restliche Kräuterbutter daraufsetzen.
- Die Champignons auf der mittleren Schiene 8–10 Minuten backen, dann herausnehmen. Die Käsescheiben in Quadrate oder Streifen schneiden und sie dekorativ auf die Champignons und

die Tomate setzen. Die Pilze wieder in den Backofen zurückstellen und nochmal etwa 4-5 Minuten backen, bis der Käse zerlaufen ist.
- Mit der Petersilie bestreut servieren.

Tip: Wenn Sie die Brotscheiben lieber knusprig als Beilage mögen, dann schneiden Sie für die Tomatenmischung nur 1-2 Brotscheiben klein, damit diese die Flüssigkeit aus den Tomaten aufsaugen kann. Reichen Sie dann die restlichen getoasteten Brotscheiben als Beilage. Dieses Gericht können Sie auch in kleinen, flachen feuerfesten Portionsförmchen zubereiten. Die Tomate schneiden Sie in 4 dicke Scheiben und setzen diese in die Mitte der Förmchen.

Ganz einfach · Nudeln am Tag zuvor gekocht

Champignon-Gemüsegratin

Zutaten für 4 Personen:
250 g Champignons · 1 mittelgroße Zwiebel · 1 Bund Frühlingszwiebeln oder 1 mittelgroße Stange Lauch/Porree (250-300 g) · 2 Eßl. Olivenöl · 1 Bund Petersilie, frisch gehackt · 200 g Crème fraîche oder 20%ige saure Sahne · 100 g Sahne oder Milch · etwas Streuwürze · 1 Prise schwarzer Pfeffer, frisch gemahlen · Kräutersalz · etwa 700 g gekochte Vollkornnudeln (250 g ungekocht)
Für die Form: Butter
Pro Portion etwa 2200 kJ/520 kcal
15 g Eiweiß · 29 g Fett · 51 g Kohlenhydrate · 15 g Ballaststoffe

Vorbereitungszeit: etwa 40 Minuten
Backzeit: 15-25 Minuten

- Die Champignons unter fließendem Wasser rasch abreiben und gegebenenfalls putzen. Die Pilze in etwa ½ cm breite Scheiben schneiden. Die Zwiebel schälen, abspülen, halbieren und in kleine Würfel schneiden. Die Frühlingszwiebeln gründlich waschen, unschöne Blattspitzen und die Wurzeln abschneiden. Oder vom Lauch die derben dunkelgrünen Blattspitzen und die Wurzeln abschneiden. Den Lauch längs durchschneiden, und die einzelnen Hälften unter Aufklappen der Blätter unter fließendem Wasser gründlich waschen. Die Frühlingszwiebeln beziehungsweise den Lauch in etwa ½ cm breite Streifen schneiden.

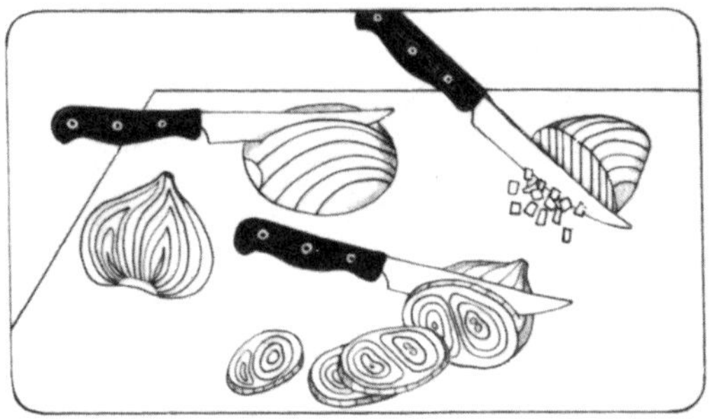

Beim Schneiden von Zwiebeln ist ein scharfes Messer wichtig, dann geht es wirklich rasch.

- Das Olivenöl in einer Pfanne erhitzen und die Zwiebeln darin hellbraun braten. Die Pilze dazugeben und bei starker Hitze ebenfalls leicht anbraten. Die Frühlingszwiebel- oder Lauchstreifen zu den Zutaten in die Pfanne geben und bei schwacher Hitze zugedeckt 3-4 Minuten andünsten. Die Hälfte der Petersilie dazugeben.
- Die Crème fraîche oder saure Sahne mit der süßen Sahne oder der Milch verrühren und die Gewürze und Salz einrühren.
- Den Backofen auf 200° (Gas 2½-3) vorheizen und eine flache Auflaufform oder 4 kleine feuerfeste Portionsförmchen fetten.
- Die Nudeln in der Form beziehungsweise den Förmchen verteilen und leicht salzen. Die Pilz-

Gemüsemischung daraufgeben und die Sahnesauce darübergießen.

- Den Gratin auf der mittleren Schiene des Backofens 15–25 Minuten überbacken.
- Den Gratin mit der restlichen Petersilie bestreut servieren.

Tip: Anstelle von Nudeln können Sie auch gekochte, in Scheiben geschnittene Kartoffeln als Unterlage für die Gemüsemischung verwenden.

Schnell · Für Gäste · Vielseitig

Kleine Torteletts mit Gemüse und Käse

Bild Umschlag-Rückseite

Zutaten für 8 Torteletts von etwa 10 cm ∅:
Für den Quarkmürbeteig: 200 g Weizen, feingemahlen · 100 g gekühlte Butter · 100 g Mager- oder 20%iger Quark · 1 gestrichener Teel. Salz
Für den Zwiebelbelag: 1 mittelgroße Zwiebel · 50 g saure Sahne · Kräutersalz · 1 Prise Kümmelkörner · etwas Streuwürze · etwa 20 g Hartkäse, frisch gerieben
Für den Tomatenbelag: 1 Fleischtomate oder 2 kleine Tomaten · ¼ grüne Paprikaschote · 1 Eßl. Olivenöl · ¼ Teel. getrockneter Oregano · Kräutersalz · 30 g Hartkäse, frisch gerieben
Für das Blech: Butter oder Öl
Pro Stück etwa 1100 kJ/ 260 kcal
7 g Eiweiß · 16 g Fett · 18 g Kohlenhydrate · 3 g Ballaststoffe

Vorbereitungszeit: etwa 30 Minuten
Backzeit: 25–30 Minuten

- Für den Teig das Weizenmehl in eine Rührschüssel geben. Die Butter in Stückchen daraufsetzen, den Quark und das Salz ebenfalls dazugeben und alles mit den Knethaken des Rührgeräts zu einem glatten Teig verarbeiten. Eventuell noch 1–2 Eßlöffel kaltes Wasser dazugeben. Den Teig zu einer Kugel formen und zugedeckt stehenlassen, bis der Belag vorbereitet ist.
- Für den Zwiebelbelag die Zwiebel schälen, kurz abspülen, halbieren und in dünne Streifen schneiden. Die Zwiebel leicht salzen und zugedeckt etwa 10 Minuten ziehen lassen. Die saure Sahne, die Gewürze und die Zwiebel verrühren.
- Für den Tomatenbelag die Tomaten waschen, von den Stielansätzen befreien und in etwa ½ cm dicke Scheiben schneiden. Die Paprikaschote gründlich waschen, halbieren, die Kerne entfernen und das Schotenstück in etwa ½ cm breite Streifen schneiden.
- Den Backofen auf 200° (Gas 2½–3) vorheizen und ein Blech fetten.
- Den Teig zu einer Rolle formen und in 8 Portionen teilen. Jeweils eine kleine Kugel formen, diese flachdrücken und zu einem etwa ½ cm dicken Tortelettboden auseinanderdrücken.
- Vier Böden mit der Zwiebel-Sahnemischung bestreichen und mit dem Käse bestreuen.
- Die restlichen vier Böden mit dem Öl bestreichen, die Tomatenscheiben und die Paprikastreifen darauflegen. Mit dem Oregano und Kräutersalz würzen und mit dem Käse bestreuen.
- Die Torteletts auf der mittleren Schiene des Backofens in 25–30 Minuten backen, bis sich der Käse goldgelb zu färben beginnt.

Varianten: Als weitere Beläge eignen sich zum Beispiel angebratene Champignons oder Auberginenwürfel, mit Sahne oder Käse oder aber auch nur Käse mit Sahne verrührt. Lassen Sie Ihrer Phantasie freien Lauf!

Tip: Wenn man Zwiebeln nach dem Schälen abspült, kann man eventuelle Erdreste entfernen und verhindern, daß sie beim Schneiden allzusehr zu Tränen reizen.

Ganz einfach · Preiswert · Für Gäste

Überbackene Buchweizenküchlein

Natürlich können Sie für dieses Rezept auch andere Getreideküchlein verwenden!

Zutaten für 4 Personen:
250 g Buchweizen · ½ l Wasser · 1–2 Teel. Tomatenmark · 1 Gemüsebrühwürfel · ½ Teel. getrockneter Majoran · ½ Teel. Currypulver · 1 Lorbeerblatt · Kräutersalz · 50 g Lauch/Porree · 1–2 Knoblauchzehen · 2 Eier · 50 g Weizen oder Grünkern, feingemahlen · 50 g Hartkäse, frisch gerieben · Butterschmalz zum Braten · 2–3 Tomaten · 4 große Scheiben Emmentaler · 1 Bund Petersilie, frisch gehackt
Für das Blech: Öl
Pro Portion etwa 2600 kJ/620 kcal
30 g Eiweiß · 30 g Fett · 57 g Kohlenhydrate · 4 g Ballaststoffe

Vorbereitungszeit: etwa 1 Stunde und 10 Minuten
Backzeit: etwa 5 Minuten

- Für die Küchlein den Buchweizen mit dem Wasser in einen dicht schließenden Topf geben. Das Tomatenmark, den Gemüsebrühwürfel und die Gewürze einrühren. Den Deckel auflegen, das Ganze einmal aufkochen lassen, dann die Hitze zurückschalten und den Buchweizen bei schwächster Hitze unter gelegentlichem Umrühren in etwa 25 Minuten ausquellen lassen.
- Inzwischen von dem Lauch die unschönen ledrigen Blätter und die Wurzeln abschneiden. Den Lauch längs durchschneiden, die beiden Hälften unter Aufklappen der Blätter gründlich waschen und sehr fein schneiden. Die Knoblauchzehen schälen und sehr fein hacken oder durch die Presse drücken. Das Lorbeerblatt aus der Buchweizenmasse entfernen.
- Die Lauchstreifen und den Knoblauch zu dem ausgequollenen Buchweizen geben. Die Eier, das Weizen- oder Grünkernmehl und den geriebenen Käse in die Buchweizenmasse einrühren und noch einmal abschmecken. Die Masse soll geschmeidig, aber nicht zu weich sein und kräftig schmecken. Wenn die Masse zu fest sein sollte, noch etwas Wasser einrühren. Die Masse etwa 5 Minuten quellen lassen.
- Butterschmalz in einer Pfanne zerlassen. Mit einem Eßlöffel kleine Portionen aus der Masse abstechen, diese in die Pfanne setzen und glattstreichen. Die Küchlein bei schwacher bis mittlerer Hitze auf beiden Seiten goldbraun braten.
- Den Backofen auf 200° (Gas 2½–3) oder den Grill vorheizen. Ein Blech leicht fetten.
- Die Tomaten waschen und in Scheiben schneiden, dabei den Strunkansatz keilförmig herausschneiden. Die Käsescheiben in kleine Quadrate oder Streifen schneiden.
- Die Küchlein auf das Blech legen, mit zwei Dritteln Petersilie bestreuen und jeweils mit einer Tomaten- und Käsescheibe belegen.
- Das Blech auf die mittlere oder obere Schiene in den Backofen schieben und die Küchlein etwa 5 Minuten überbacken, bis der Käse verlaufen ist.
- Mit der restlichen Petersilie garniert servieren.

Tip: Diese überbackenen Küchlein können Sie sehr gut als kleinen Imbiß bei einer Einladung servieren.

Luftiges aus dem Ofen

Haben Sie mal gelesen, daß Soufflés schwierig zuzubereiten seien oder daß sie gar launisch wären? Vergessen Sie es und probieren Sie diese Soufflé-Rezepte. Sie werden staunen, welche geschmackliche und optische Wirkung sich mit den meist einfachen Zutaten erzielen läßt. Soufflés kann man mit einem Salat und eventuell mit noch einer kleinen zusätzlichen Beilage als Hauptgericht servieren oder als kleinen Zwischengang bei einem festlichen Menü.

Ganz einfach · Raffiniert · Preiswert

Rosenkohlsoufflé

Zutaten für 4 Personen:
300 g Rosenkohl · 1-2 Teel. Zitronensaft · 40 g Butter · 40 g Weizen, feingemahlen · ¼ l Milch oder Sahne · ½ Gemüsebrühwürfel · Kräutersalz · 1 Prise Muskatnuß, frisch gerieben · 1 Prise weißer Pfeffer, frisch gemahlen · 50 g Emmentaler oder Appenzeller, frisch gerieben · 3-4 Eigelbe · 3-4 Eiweiße
Für die Form: Butter
Pro Portion etwa 1300 kJ/ 310 kcal
16 g Eiweiß · 21 g Fett · 15 g Kohlenhydrate · 4 g Ballaststoffe

Vorbereitungszeit: etwa 25 Minuten
Backzeit: 20-25 Minuten

- Den Rosenkohl putzen und den Strunkansatz abschneiden. Große Röschen halbieren. Den Rosenkohl in einem dicht schließenden Topf mit etwa 1 Tasse Wasser und dem Zitronensaft in 5-7 Minuten nicht ganz weich garen. Dann abgießen und leicht abkühlen lassen.
- Die Butter in einem Topf schmelzen und aufschäumen lassen. Das Weizenmehl dazugeben und 1-2 Minuten bei mittlerer Hitze leicht anschwitzen. Den Topf vom Herd nehmen, die Milch oder Sahne angießen, den Gemüsebrühwürfel und die Gewürze hinzufügen. Den Topf auf die Kochstelle zurückstellen und die Masse unter Rühren leicht kochen lassen. Die Masse soll dick sein und nicht mehr flüssig. Dann zum Abkühlen beiseite stellen.
- Den Backofen auf 200° (Gas 2½-3) vorheizen und eine hohe Auflaufform 5 Minuten darin anwärmen.
- Den Rosenkohl mit einem großen Messer oder einem elektrischen Zerkleinerungsgerät feinhacken und in die Masse einrühren. Den Käse und die Eigelbe untermischen und die Masse noch einmal abschmecken.
- Die Form aus dem Backofen nehmen, auf eine Unterlage stellen und etwas Butter auf dem Boden der Form zerlaufen lassen.

Eiweiß sollte immer so fest geschlagen werden, daß ein Schnitt mit einem Messer lange sichtbar bleibt.

- Die Eiweiße mit 1 Prise Salz steif schlagen und mit einem Schneebesen vorsichtig unter die Masse heben. Die Soufflémasse in die Form füllen und glattstreichen.
- Sofort auf der mittleren Schiene im vorgeheizten Backofen in 20-25 Minuten backen. Da-

bei die Backofentüre in den ersten 15 Minuten keinesfalls öffnen.

- Das Soufflé sofort servieren.

Tip: Gemüsesoufflés passen als Hauptgericht mit oder zu einem Salat, eventuell noch mit knusprigen Bratkartoffeln oder Rösti als Beilage. Sehr gut eignen sie sich auch als Zwischengang bei mehrgängigen Menüs. Dies kann sehr dekorativ aussehen, wenn man mit einem in Wasser getauchten Eßlöffel 2 oder 3 Portionen absticht und diese auf einem Portionsteller serviert, garniert mit dem verwendeten Gemüse, wie zum Beispiel mit 1-2 Spinat- oder Rosenkohlblättchen oder mit einigen Möhrenstiften.

Ganz einfach · Raffiniert · Für Gäste

Spargel mit Souffléhaube

Zutaten für 4 Personen:
800 g Spargel · Kräutersalz · ¼ Teel. Ahornsirup oder Honig · 30 g Butter · 30 g Weizen, feingemahlen · 100 g Sahne · 100 ccm Spargelkochwasser · Muskatnuß, frisch gerieben · weißer Pfeffer, frisch gemahlen · 100 g Greyerzer oder Emmentaler, frisch gerieben · 3-4 Eigelbe · 1 Bund Schnittlauch, frisch geschnitten · 3-4 Eiweiße
Für die Form: 20 g Butter
Pro Portion etwa 1800 kJ/430 kcal
18 g Eiweiß · 31 g Fett · 14 g Kohlenhydrate · 9 g Ballaststoffe

Vorbereitungszeit: etwa 40 Minuten
Backzeit: 15-20 Minuten

- Den Spargel schälen und 1 oder 2 Spargelstangen beiseite legen. Die restlichen Stangen in etwa 3 cm lange Stücke schneiden. In einem Topf ½-1 Liter Wasser mit ½ Teelöffel Salz und dem Ahornsirup oder Honig zum Kochen bringen. Die Spargelstücke hineingeben und in etwa 10 Minuten nicht zu weich kochen.
- Den Boden einer hohen Auflaufform fetten. Den Spargel aus dem Topf heben, abtropfen lassen und in die Form legen.
- Den Backofen auf 200° (Gas 2½-3) vorheizen.
- Die Butter in einem Topf aufschäumen lassen. Das Weizenmehl dazugeben und bei mittlerer Hitze unter Rühren etwa 1 Minute leicht anschwitzen. Den Topf vom Herd nehmen, die Sahne und das Spargelkochwasser angießen. Den Topf auf die Kochstelle zurückstellen und die Masse unter Rühren leicht kochen lassen, bis sie dick wird. Die Masse leicht abkühlen lassen.
- Salz, Muskat, Pfeffer, den Käse, die Eigelbe und die Hälfte des Schnittlauchs unter die Masse rühren. Den restlichen Spargel in 2-3 mm feine Scheiben schneiden und untermischen. Die Eiweiße mit 1 Prise Salz steif schlagen und mit einem Schneebesen vorsichtig unterheben. Die Schaummasse auf die Spargelstücke gleiten lassen.
- Die Form sofort auf die mittlere Schiene in den Backofen schieben und das Soufflé 15-20 Minuten backen, bis die Oberfläche goldbraun ist. Dabei in den ersten 15 Minuten die Backofentüre keinesfalls öffnen.
- Die restlichen Schnittlauchröllchen darüberstreuen und den Spargel sofort servieren.

Das paßt dazu: Petersilienkartoffeln

Tip: Soufflés kann man auch sehr gut in kleinen Förmchen backen oder servieren. Die Kartoffelbeilage können Sie auch mit dem Spargel in die Form schichten.

Ganz einfach · Raffiniert · Für Gäste

Zucchinisoufflé

Zutaten für 4 Personen:
50 g Butter · 30 g Weizen, feingemahlen · 200 ccm Milch · ½ Gemüsebrühwürfel · Kräutersalz · weißer Pfeffer, frisch gemahlen · ¼ Teel. Streuwürze · 400 g Zucchini · 50–100 g Emmentaler oder Appenzeller, frisch gerieben · 2–3 Eigelbe · 1–2 Eßl. frischer oder 1 Teel. getrockneter Thymian · 2–3 Eiweiße
Für die Form: Butter
Pro Portion etwa 1300 kJ/310 kcal
13 g Eiweiß · 23 g Fett · 13 g Kohlenhydrate · 1 g Ballaststoffe

Vorbereitungszeit: etwa 20 Minuten
Backzeit: 20–25 Minuten

- Die Hälfte der Butter in einem Topf aufschäumen lassen. Das Weizenmehl dazugeben und bei mittlerer Hitze 1–2 Minuten leicht anschwitzen. Den Topf vom Herd nehmen, die Milch angießen und die Gewürze dazugeben. Den Topf auf die Kochstelle zurückstellen und die Masse unter Rühren leicht kochen lassen, bis sie dick wird. Dann zum Abkühlen beiseite stellen.
- Die Zucchini waschen, von Blüten- und Stielansätzen befreien und feinstifteln oder mittelgrob raspeln. Die restliche Butter in einem Topf schmelzen lassen. Die Zucchinistifte dazugeben und bei mittlerer Hitze etwa 5 Minuten offen dünsten lassen, bis die Flüssigkeit, die sich dabei bildet, wieder verdunstet ist.
- Den Backofen auf 200° (Gas 2½–3) vorheizen und eine hohe Auflaufform darin etwa 5 Minuten anwärmen.
- Den Käse, die Eigelbe und den Thymian in die Masse rühren. Die vorgegarten Zucchini abtropfen lassen und ebenfalls dazugeben.
- Die Form aus dem Ofen nehmen, auf eine Unterlage stellen und etwas Butter auf dem Boden der Form zerlaufen lassen.
- Die Eiweiße mit 1 Prise Salz zu steifem Schnee schlagen und mit einem Schneebesen vorsichtig unter die Masse heben. Die Soufflémasse in die Form füllen und glattstreichen.
- Die Form auf die mittlere Schiene in den vorgeheizten Backofen stellen und das Soufflé in 20–25 Minuten goldbraun backen. Dabei während der ersten 15 Minuten die Backofentüre keinesfalls öffnen.
- Das Soufflé sofort servieren.

Preiswert · Raffiniert

Soufflé aus gelben oder weißen Rüben

Zutaten für 4 Personen:
400 g gelbe oder weiße Rüben (Pastinaken) · 40 g Butter · 40 g Weizen, feingemahlen · 250 g Sahne · ½ Teel. gekörnte Gemüsebrühe · Kräutersalz · Streuwürze · 1 Prise weißer Pfeffer, frisch gemahlen · ½ Teel. Senf · 2 Eßl. Petersilie, frisch gehackt · 3–4 Eigelbe · 3–4 Eiweiße
Zum Bestreuen: 1 Eßl. Petersilie, frisch gehackt
Für die Form: Butter
Pro Portion etwa 1900 kJ/450 kcal
10 g Eiweiß · 35 g Fett · 24 g Kohlenhydrate · 5 g Ballaststoffe

Vorbereitungszeit: etwa 30 Minuten
Backzeit: 20–25 Minuten

- Die Rüben waschen, dünn schälen und feinraspeln.
- Die Butter in einem Topf aufschäumen lassen. Das Weizenmehl dazugeben und bei mittlerer Hitze unter Rühren etwa 1 Minute leicht an-

schwitzen. Den Topf vom Herd nehmen, die Sahne angießen und die geraspelten Rüben in die Sauce einrühren. Den Topf auf die Kochstelle zurückstellen und die Masse unter gelegentlichem Rühren zugedeckt etwa 5 Minuten leicht kochen lassen, bis die Rüben noch nicht ganz weich sind. Die Masse mit der gekörnten Brühe, Salz, der Streuwürze, dem Pfeffer und dem Senf abschmecken.

• Den Topf vom Herd nehmen, die Masse leicht abkühlen lassen und den Backofen auf 200° (Gas 2½–3) vorheizen. Eine hohe Auflaufform oder 4 kleine Förmchen darin etwa 5 Minuten anwärmen. Dann herausnehmen und etwas Butter auf dem Boden der Form zerlaufen lassen.

• In die leicht abgekühlte Gemüsemasse die Petersilie und die Eigelbe einrühren. Die Eiweiße mit 1 Prise Salz steif schlagen und vorsichtig mit einem Schneebesen unterheben. Die Masse in die Auflaufform oder die Portionsförmchen füllen und glattstreichen.

• Das Soufflé auf die mittlere Schiene in den Backofen stellen und in 20–25 Minuten goldbraun backen. Dabei die Backofentüre in den ersten 15 Minuten keinesfalls öffnen.

• Das Soufflé mit der Petersilie bestreut sofort servieren.

Ganz einfach · Geht schnell

Käsesoufflé

Zutaten für 4 Personen:
30 g Butter · 30 g Weizen, feingemahlen · 200 ccm Milch · Kräutersalz · 1 Prise weißer Pfeffer, frisch gemahlen · 1 Prise Muskatnuß, frisch gerieben · 100 g Appenzeller oder Gouda, frisch gerieben · 3 Eigelbe · 3 Eiweiße
Für die Form: Butter

Pro Portion etwa 1200 kJ/290 kcal
13 g Eiweiß · 21 g Fett · 7 g Kohlenhydrate · 1 g Ballaststoffe

Vorbereitungszeit: etwa 20 Minuten
Backzeit: 15–25 Minuten

• Die Butter in einem Topf schmelzen und aufschäumen lassen. Das Weizenmehl dazugeben und 1–2 Minuten bei mittlerer Hitze leicht anschwitzen. Den Topf vom Herd nehmen, die Milch dazuschütten und die Gewürze dazugeben. Den Topf auf den Herd zurückstellen und die Masse unter Rühren leicht kochen lassen, bis sie dick wird. Danach zum Abkühlen beiseite stellen.

• Den Backofen auf 200° (Gas 2½–3) einstellen und eine hohe Auflaufform 5 Minuten darin anwärmen.

• Den Käse in die Masse einrühren. Danach die Eigelbe dazugeben und gut verrühren.

• Die Eiweiße mit 1 Prise Salz steif schlagen und mit einem Schneebesen vorsichtig unter die Käsemasse heben.

• Die Form aus dem Ofen nehmen und auf eine Unterlage stellen. Ein kleines Stück Butter auf dem Boden der Form zerlaufen lassen.

• Die Masse in die Form füllen und glattstreichen.

• Die Form sofort auf die mittlere Schiene in den vorgeheizten Backofen stellen und das Soufflé 15–25 Minuten backen, bis sich die Oberfläche goldbraun färbt. Dabei die Backofentür in den ersten 15 Minuten auf keinen Fall öffnen.

• Das Soufflé sofort servieren.

Tip: Der Rand der Form darf bei Soufflés nicht gefettet werden, damit die Masse gut haften kann. Die Backzeit für Soufflés liegt zwischen 15 und 25 Minuten, je nachdem, ob ein innen noch leicht flüssiges oder ein trockeneres Soufflé erwünscht ist. Meiner Erfahrung nach beträgt die durchschnittliche Garzeit 20 Minuten, nach dieser Zeit müßte die Oberfläche goldbraun gefärbt sein. Probieren Sie aus, in welcher Konsistenz Sie ein Soufflé am liebsten mögen!

Ganz einfach · Raffiniert · Preiswert

Spinatsoufflé

Bild Seite 18

Zutaten für 4 Personen:
30 g Butter · 30 g Weizen, feingemahlen · 200 ccm Milch · ½ Gemüsebrühwürfel · Kräutersalz · etwas gemahlene Muskatblüte oder Muskatnuß, frisch gerieben · weißer Pfeffer, frisch gemahlen · 350 g Blattspinat · 75 g Emmentaler, frisch gerieben · 3–4 Eigelbe · ½ Bund Petersilie, frisch gehackt · 3–4 Eiweiße
Für die Form: Butter
Pro Portion etwa 1200 kJ/290 kcal
16 g Eiweiß · 20 g Fett · 11 g Kohlenhydrate · 4 g Ballaststoffe

Vorbereitungszeit: etwa 30 Minuten
Backzeit: 20–25 Minuten

- Die Butter in einem Topf schmelzen und aufschäumen lassen. Das Weizenmehl dazugeben und 1–2 Minuten bei mittlerer Hitze unter Rühren leicht anschwitzen. Den Topf vom Herd nehmen, die Milch hineingießen und die Gewürze dazugeben. Den Topf auf die Kochstelle zurückstellen und die Masse unter Rühren leicht kochen lassen, bis sie dick wird. Danach zum Abkühlen beiseite stellen.
- Den Spinat verlesen und gründlich waschen. Die Spinatblätter tropfnaß in einen großen Topf geben und bei mittlerer Hitze 2–3 Minuten zugedeckt dünsten lassen. Mit einem Schaumlöffel herausheben, abtropfen lassen und zum Abkühlen auf ein Brett legen.
- Den Backofen auf 200° (Gas 2½–3) vorheizen und eine hohe Auflaufform 5 Minuten darin anwärmen.
- Den geriebenen Käse, die Eigelbe und die gehackte Petersilie in die Masse einrühren.
- Den Spinat mit einem Messer fein schneiden und hacken und in die Sauce einrühren und abschmecken.
- Die Form aus dem Backofen nehmen, auf eine Unterlage stellen und ein kleines Stück Butter auf dem Boden der Form zerlaufen lassen.
- Die Eiweiße mit 1 Prise Salz zu steifem Schnee schlagen und mit dem Schneebesen vorsichtig unterheben. Die Soufflémasse in die Form füllen und glattstreichen.
- Das Soufflé sofort auf die mittlere Schiene in den Backofen stellen und in 20–25 Minuten goldbraun backen. Dabei die Backofentüre in den ersten 15 Minuten auf keinen Fall öffnen.
- Das Soufflé sofort servieren.

Hirse am Tag zuvor gekocht · Ganz einfach

Hirsesoufflé mit grünen Erbsen

Zutaten für 4–6 Personen:
400 g gekochte Hirse (160 g ungekocht) · Kräutersalz · Muskatnuß, frisch gerieben · ½ Teel. Currypulver · 200 g Sahne oder Milch · 100 g Emmentaler, frisch gerieben · 3 Eigelbe · 100–150 g frische ausgepalte Erbsen · 1–2 Eßl. Petersilie, frisch gehackt · 3 Eiweiße
Zum Bestreuen: 1 Eßl. Petersilie, frisch gehackt
Für die Form: Butter

Bei 4 Portionen etwa 2100 kJ/500 kcal
19 g Eiweiß · 30 g Fett · 35 g Kohlenhydrate · 5 g Ballaststoffe pro Person

Vorbereitungszeit: etwa 15 Minuten
Backzeit: 25-30 Minuten

- Die Hirse, die Gewürze, die Sahne oder Milch, den Käse und die Eigelbe verrühren. Die Erbsen und die Petersilie unterheben.
- Den Backofen auf 200° (Gas 2½-3) vorheizen und eine hohe Auflaufform darin etwa 5 Minuten anwärmen. Die Form dann aus dem Ofen nehmen und etwas Butter auf dem Boden der Form zerlaufen lassen.
- Die Eiweiße mit 1 Prise Salz steif schlagen und mit einem Schneebesen vorsichtig unter die Hirsemasse heben. Die Masse in die vorbereitete Form gleiten lassen und glattstreichen.
- Die Form sofort auf die mittlere Schiene in den vorgeheizten Backofen stellen und das Soufflé 25-30 Minuten backen, bis die Oberfläche goldbraun ist. Dabei die Backofentüre in den ersten 15 Minuten keinesfalls öffnen.
- Das Soufflé mit der Petersilie bestreut sofort servieren.

Ganz einfach · Für Gäste

Brandteig-Käsering

Zutaten für 4-6 Personen:
¼ l Wasser · 1 Prise Salz · 65 g Butter · 150 g Weizen, sehr fein gemahlen · 3 Eier · 100-150 g würziger Hartkäse, frisch gerieben
Für die Form oder das Blech: Butter oder Öl
Bei 4 Portionen etwa 1800 kJ/430 kcal
18 g Eiweiß · 29 g Fett · 23 g Kohlenhydrate · 3 g Ballaststoffe pro Person

Vorbereitungszeit: etwa 30 Minuten
Backzeit: 35-40 Minuten

- Das Wasser mit dem Salz und der Butter in einem etwa 2 Liter fassenden Topf mit kleinem Durchmesser zum Kochen bringen. Die Kochstelle auf mittlere Hitze zurückschalten, das Mehl auf einmal in die kochende Flüssigkeit schütten und mit einem Rührlöffel so lange rühren, bis sich der Teig als glatter Kloß vom Topfboden löst. Den Teigkloß noch etwa 2 Minuten unter weiterem Rühren abbrennen, bis sich eine weiße Haut auf dem Topfboden gebildet hat. Den Topf vom Herd nehmen und den Teig 5-10 Minuten abkühlen lassen.
- Den Backofen auf 180° (Gas 2-2½) vorheizen und eine Quiche- oder Springform beziehungsweise ein Backblech fetten.
- Mit dem Rührlöffel oder den Rührbesen des Rührgerätes die Eier einzeln zu der abgekühlten Masse geben und jeweils zuerst gründlich unterrühren, bevor das nächste Ei dazugegeben wird. (Bei Verwendung von größeren Eiern sollte vom dritten Ei nur so viel dazugegeben werden, daß der Teig glänzt und in Spitzen vom Rührlöffel absteht.)
- Den Käse in den Teig einrühren und mit einem Eßlöffel Häufchen von etwa 4 cm Durchmesser ringförmig auf das Blech, beziehungsweise in die Form setzen. Die einzelnen Teighäufchen sollten sich berühren.
- Den Brandteig auf der mittleren Schiene etwa 20 Minuten backen. Danach bei 200° (Gas 2½-3) noch 15-20 Minuten. Den Ofen ausschalten und den Brandteigring bei geöffneter Türe noch etwa 5 Minuten stehenlassen, damit er innen noch etwas trocknen kann.

Tip: Dieses Gericht paßt als Hauptgericht nach oder zu einem großen Salatteller. Als Beilage kann man auch eine kalte oder warme Tomatensauce oder eine Sauce mit Kräutern reichen.

Saftige Teigwaren

Nudeln, bei Kindern und Erwachsenen gleichermaßen beliebt, eignen sich hervorragend für Aufläufe. Sie sind schnell gekocht und ergeben selbst nur mit etwas Käse und Butter überbakken, ein wohlschmeckendes Gericht. Doch Nudeln lassen sich auch sehr gut mit Gemüse und Pilzen kombinieren, wie Sie im folgenden Kapitel sehen werden.
Haben Sie Vollkornnudeln schon einmal selbst gemacht? Wenn nicht, dann sollten Sie es probieren! Es geht einfacher, als Sie denken und der Geschmack der Nudeln ist unvergleichlich besser. Das Ergebnis wird Sie überzeugen!
Für meine Lieblingsgerichte ziehe ich selbstgemachte Teigwaren vor. Wenn es dagegen ganz schnell gehen muß, nehme ich auch mal gekaufte Nudeln.

Braucht etwas Zeit · Raffiniert · Für Gäste

Lasagne mit Steinpilzen und Zucchini

Dieses beliebte italienische Nudelgericht mit saftigem Inhalt kann man auf vielerlei Arten zubereiten. Diese Variante mit den aromatisch schmeckenden Steinpilzen und der Gemüseeinlage ist eines unserer Lieblingsgerichte.

Zutaten für 4–6 Personen:
Für die Nudelplatten: 300 g Weizen, feingemahlen · 1 Ei (Gewichtsklasse 4) · ½ Teel. Salz · 8–10 Eßl. Weißwein oder Wasser
Für die Pilz-Tomatensauce: 20–25 g getrocknete Steinpilze, ersatzweise oder zusätzlich 500 g braune Champignons · 1 große Zwiebel · 2 Eßl. Olivenöl · 500–700 g Tomaten · Kräutersalz · 1 Teel. getrockneter Oregano · 1 Prise schwarzer Pfeffer, frisch gemahlen · Streuwürze · etwa ⅛ l Pilz-Einweichwasser
Für die Béchamelsauce: 40 g Butter · 40 g Weizen, feingemahlen · ½ l Milch · 100 g Sahne · 1½ Teel. gekörnte Gemüsebrühe · Kräutersalz
Für die Füllung: 500–600 g Zucchini · 200 g Emmentaler und Parmesan gemischt, frisch gerieben
Bei 4 Portionen etwa 3600 kJ/860 kcal
37 g Eiweiß · 46 g Fett · 63 g Kohlenhydrate · 11 g Ballaststoffe pro Person

Vorbereitungszeit einschließlich Ruhezeit: etwa 2 Stunden
Backzeit: 25–30 Minuten

- Zuerst die Trockenpilze in eine Schüssel geben und mit etwa ½ l kochendem Wasser übergießen. Die Pilze zugedeckt etwa 1 Stunde quellen lassen.
- Für den Teig das Weizenmehl in eine Rührschüssel oder auf die Arbeitsfläche schütten. Eine Mulde in das Mehl drücken und das Ei und das Salz mit den Knethaken des Handrührgerätes oder einem Rührlöffel einrühren. So viel Wein oder Wasser eßlöffelweise einarbeiten, bis ein nicht klebender Teig entsteht. Den Teig noch etwa 3–4 Minuten kneten, bis er geschmeidig ist. In Folie gewickelt etwa 1 Stunde bei Zimmertemperatur stehenlassen.
- Für die Pilz-Tomatensauce gegebenenfalls die frischen Pilze putzen und in Streifen schneiden. Die Zwiebel schälen, kurz mit Wasser abspülen, halbieren und in feine Streifen oder Würfel schneiden. Das Öl in einer Pfanne erhitzen, und die Zwiebel darin bei mittlerer Hitze anbräunen.
- Die Tomaten waschen, halbieren und den Strunkansatz keilförmig ausschneiden. Die Tomaten im Mixer oder mit einem Mixstab pürieren und mit den Zwiebeln mischen. Die Sauce mit Salz, dem Oregano, dem Pfeffer und Streuwürze abschmecken.

● Die eingeweichten Pilze in ein Sieb gießen und das Einweichwasser auffangen. Die Pilze kurz mit Wasser abbrausen. Das Einweichwasser durch einen Papierfilter gießen, der in ein Sieb gelegt ist. Dann mit den Pilzen in die Tomatensauce einrühren. Oder die frischen Pilze untermischen. Die Sauce etwas einkochen lassen.
● Für die Béchamelsauce die Butter in einem Topf aufschäumen lassen. Das Weizenmehl dazugeben und unter Rühren bei schwacher Hitze 1–2 Minuten leicht anschwitzen. Den Topf vom Herd nehmen und die Milch und die Sahne angießen. Den Topf auf die Kochstelle zurückstellen und die Sauce unter Rühren 1–2 Minuten leicht kochen lassen. Die Sauce mit der gekörnten Brühe und Salz abschmecken und beiseite stellen. Die Sauce soll noch relativ flüssig sein.
● Den Nudelteig in 4 Portionen teilen und jeweils zu einer eckigen Platte etwa 2 mm dünn auswellen. Jede Teigplatte in 2 Rechtecke zerteilen.
● Den Backofen auf 200° (Gas 2½–3) vorheizen und eine flache oder hohe Auflaufform bereitstellen.
● Die Zucchini waschen, von Stiel- und Blütenansätzen befreien und fein stifteln oder mittelgrob raspeln. Abwechselnd eine Lage Pilz-Tomatensauce, Nudelplatten, Zucchinistifte, Käse und Béchamelsauce in die Form einschichten. Dabei für die letzte Schicht etwas Béchamelsauce und Käse zurückbehalten. Man sollte darauf achten, daß die Nudeln ganz mit Sauce bedeckt sind, damit sie genug Quellflüssigkeit haben und nicht austrocknen können. Eventuell mit einem Löffel die Oberfläche etwas eindrükken. Dabei sollte sich zeigen, daß der Flüssigkeitsspiegel beim Eindrücken ungefähr so hoch wie das oberste Lasagneblatt ist. Gegebenenfalls noch etwas Wasser angießen.
● Die Form auf die mittlere Schiene in den Backofen stellen und die Lasagne 25–30 Minuten backen.

Braucht etwas Zeit · Raffiniert · Für Gäste

Cannelloni mit Tomaten, Mangold, Pilzen und Käse

Bild Umschlag-Vorderseite

Zutaten für 4–6 Personen:
Für den Nudelteig: 100 g Weizen, feingemahlen · 100 g Buchweizen, feingemahlen · 1 Ei (Gewichtsklasse 4) · ½ Teel. Salz · 6–8 Eßl. Wasser
Für die Tomatensauce: 250 g Zwiebeln · 1 Eßl. Olivenöl · 750 g Tomaten · 1 Lorbeerblatt · Kräutersalz · 1 gestrichener Teel. Zuckerrohrgranulat oder Honig · 1 Prise Cayennepfeffer
Für die Sahne-Käsesauce: 50 g Butter · 30 g Weizen, feingemahlen · 200 g Sahne · ¼ l Wasser · Kräutersalz · ½ gestrichener Teel. gekörnte Gemüsebrühe · 100 g Parmesan und Emmentaler gemischt, frisch gerieben
Für Belag und Füllung: 300–500 g Mangold oder Spinat · 500 g Champignons · 20 g Butter · 1–2 Knoblauchzehen · 3 Eßl. Petersilie, frisch gehackt

Die Überbackenen Pfannkuchenröllchen werden mit Spinat und geriebenem Käse gefüllt. Man kann dieses Gericht auch mit Nudelplatten zubereiten. Rezept Seite 40. ▷

Saftige Teigwaren

Bei 4 Portionen etwa 3200 kJ/760 kcal
26 g Eiweiß · 45 g Fett · 61 g Kohlenhydrate · 14 g Ballaststoffe pro Person

Vorbereitungszeit einschließlich Ruhezeit: etwa 2 Stunden
Backzeit: 20–25 Minuten

- Das Weizen- und Buchweizenmehl in eine Rührschüssel oder auf die Arbeitsfläche schütten. Eine Mulde in das Mehl drücken und das Ei und das Salz mit den Knethaken des Handrührgerätes oder einem Rührlöffel einrühren. Noch so viel Wasser eßlöffelweise dazugeben, bis ein nicht klebender Teil entsteht. Den Teig 3–4 Minuten kneten, bis er geschmeidig ist. In Folie gewickelt etwa 40 Minuten bei Zimmertemperatur stehenlassen.
- In einem großen hohen Topf etwa 2 l Wasser zum Kochen bringen.
- In der Zwischenzeit für die Tomatensauce die Zwiebeln schälen, in Würfel schneiden und in einer großen Pfanne oder einem flachen Topf in dem Olivenöl glasig dünsten.
- Die Tomaten waschen, einschneiden und für 1–2 Minuten in dem heißen Wasser ziehen lassen. Dann mit einem Schaumlöffel herausnehmen und leicht auskühlen lassen. Die Kochstelle mit dem Wassertopf zurückschalten.

◁ Der Nudelauflauf mit Tofu und Paprika ist ein vollwertiges Gericht aus dem Backofen. Mit Sprossen bestreut schmeckt er besonders gut. Rezept Seite 42.

- Die Haut der Tomaten abziehen, die Tomaten halbieren, den Strunkansatz entfernen und die Früchte kleinschneiden. Zu den Zwiebeln geben, das Lorbeerblatt zwischen den Fingern fein zerreiben und ebenfalls dazugeben. Mit Salz, dem Zuckerrohrgranulat oder Honig und dem Cayennepfeffer würzen und offen etwa 20 Minuten kochen lassen, bis die Sauce eine sämige Konsistenz hat.
- Für die Sahnesauce die Butter in einem Topf aufschäumen lassen. Das Weizenmehl dazugeben und bei mittlerer Hitze unter Rühren 1–2 Minuten anschwitzen. Den Topf vom Herd nehmen, die Sahne und das Wasser angießen, Salz und die Gemüsebrühe dazugeben. Auf die Kochstelle zurückstellen und die Masse unter Rühren leicht kochen lassen, bis die Sauce dickflüssig wird. Beiseite stellen und den geriebenen Käse bis auf 2 Eßlöffel einrühren.
- Den Nudelteig in 2 Portionen teilen und jeweils zu einer eckigen Platte etwa 2 mm dünn auswellen. Jede Teigplatte in 4 Rechtecke zerteilen. Diese leicht bemehlen, locker aufrollen und 5–10 Minuten auf einem Tuch trocknen lassen.
- Das Wasser wieder zum Kochen bringen. Den Mangold oder Spinat putzen. Die Mangoldstiele in Stücke schneiden und das Gemüse in dem kochenden Wasser 2–3 Minuten blanchieren. Herausheben und abtropfen lassen.
- Dem Kochwasser 1 Teelöffel Salz und 1 Eßlöffel Olivenöl hinzufügen und die Cannelloniröllchen senkrecht in das kochende Wasser geben und in etwa 5 Minuten gar kochen lassen. Zum Abtropfen und Auskühlen mit dem Schaumlöffel auf das Tuch legen.
- Die Champignons unter fließendem Wasser abreiben, wenn nötig putzen, und in etwa ½ cm dünne Scheiben schneiden.
- Die Butter in einer Pfanne erhitzen und die Pilze bei anfangs starker Hitze in 3–4 Minuten braun anbraten, dann die Hitze zurückschalten.

Die Knoblauchzehe schälen, feinschneiden oder durch die Presse drücken und mit der Petersilie zu den Champignons geben und verrühren. Mit Kräutersalz würzen und in die Cannelloni füllen.
- Den Backofen auf 200° (Gas 2½–3) vorheizen und eine große, flache Auflaufform bereitstellen.
- Zwei Drittel der Tomatenmasse in die Form füllen, den Spinat oder Mangold darauflegen und die gefüllten Cannelloni daraufschichten. Die Käsesauce darübergießen, so daß die Nudelrollen ganz davon bedeckt sind. Die restliche Tomatensauce streifenförmig darüber verteilen.
- Die Cannelloni auf der mittleren Schiene in 25–30 Minuten goldbraun backen.

Tip: Wenn Sie nicht genug Zeit haben, die Cannelloni selber zu machen, kaufen Sie 250 g Vollkorn-Cannelloni.

Ganz einfach

Nudelauflauf mit Champignons und Tomaten

Zutaten für 4 Personen:
250 g Vollkornnudeln, zum Beispiel Spiralen oder Hörnchen · 3–4 Eßl. Olivenöl · Kräutersalz · 2 große Zwiebeln · 400 g Champignons · 40 g Butter · ¼–½ Teel. Fenchelsamen · 1–2 Knoblauchzehen · Pfeffer, frisch gemahlen · ¾ Bund Petersilie, frisch gehackt · 4–6 Tomaten · 100–150 g Emmentaler und Parmesan gemischt, frisch gerieben oder in dünne Scheiben geschnitten · 1 Teel. getrockneter oder 2 Teel. frischer Thymian · 2–4 Eßl. Gomasio
Für die Form: Butter
Zum Garnieren: 1 Tomate · ¼ Bund Petersilie, frisch gehackt
Pro Portion etwa 2700 kJ/640 kcal
23 g Eiweiß · 36 g Fett · 53 g Kohlenhydrate · 11 g Ballaststoffe

Vorbereitungszeit: etwa 30 Minuten
Backzeit: 25–30 Minuten

- Für die Nudeln 1½–2 l Wasser in einem großen Topf zum Kochen bringen. 1 Eßlöffel Öl und 1 Prise Salz dazugeben. Die Nudeln auf einmal hineinschütten und im offenen Topf bei mittlerer Hitze in 7–12 Minuten nicht zu weich kochen (die Nudeln sollen noch »Biß« haben). Die Nudeln in ein Sieb gießen und abtropfen lassen.
- Inzwischen die Zwiebeln schälen, abwaschen, halbieren und in kleine Würfel schneiden. In einer Pfanne das restliche Öl erhitzen und die Zwiebelwürfel darin goldbraun braten; dann auf einem Teller beiseite stellen.
- Die Champignons kurz unter fließendem Wasser abreiben, dann die Stielenden und unschöne Stellen abschneiden. Die Pilze in ½ cm dünne Scheiben schneiden.
- 30 g Butter in der Pfanne aufschäumen lassen, die Fenchelsamen dazugeben, kurz anbraten und die Pilze 1–2 Minuten bei starker Hitze anbraten. Danach die Hitze zurückschalten und die Pilze noch etwa 5 Minuten weiterbraten. Die Knoblauchzehen schälen und sehr fein schneiden oder durch die Knoblauchpresse drücken, zu den Pilzen geben und 1 Minute mitbraten lassen. Die Champignons leicht salzen und pfeffern und die Petersilie dazugeben.
- Den Backofen auf 200° (Gas 2½–3) vorheizen und eine flache Auflaufform fetten.
- Die Tomaten waschen, halbieren und in Scheiben schneiden, dabei den Strunkansatz herausschneiden.
- Abwechselnd lagenweise Nudeln, Zwiebeln, Käse, Pilze und Tomaten in die Form schichten,

dabei etwas Käse zurückbehalten und mit einer Nudelschicht enden. Die Nudeln dabei leicht salzen und die Tomatenscheiben mit dem Thymian bestreuen. Den restlichen Käse darüberstreuen und die restliche Butter in Stückchen daraufsetzen. Das Gomasio darüberstreuen.

- Den Auflauf auf der mittleren Schiene in 25–30 Minuten hellbraun backen.
- Die Tomate waschen und achteln. Den Auflauf mit der Petersilie und den Tomatenachteln garniert servieren.

Tip: Wenn Sie es lieber etwas cremiger mögen, dann schichten Sie noch etwas Crème fraîche mit ein oder gießen etwa 50 g Sahne über den Auflauf. Wer möchte, kann die Tomaten auch häuten oder im Mixer pürieren.

Raffiniert · Braucht etwas Zeit

Nudelgratin mit Steinpilzen

Zutaten für 4 Personen:
Für die Nudelplatten: 200 g Weizen, feingemahlen · 1 Ei (Gewichtsklasse 4) · ½ Teel. Salz · 6–8 Eßl. Weißwein oder Wasser
Für die Füllung: etwa 500 g Steinpilze oder braune Champignons · 1 mittelgroße Zwiebel · 40 g Butter · 100 g Emmentaler und Appenzeller gemischt, frisch gerieben
Für die Sauce: 40 g Butter · 40 g Weizen, feingemahlen · ½ l Milch · 200 g Sahne · 1 gestrichener Teel. Steinpilzbrühepaste oder Gemüsebrühepaste (Reformhaus) · Kräutersalz · Streuwürze · 50–100 g Lauch/Porree
Für die Form: Butter
Pro Portion etwa 3200 kJ/760 kcal
25 g Eiweiß · 48 g Fett · 53 g Kohlenhydrate · 13 g Ballaststoffe

Vorbereitungszeit einschließlich Ruhezeit: etwa 2 Stunden
Backzeit: 25–30 Minuten

- Das Weizenmehl in eine Rührschüssel oder auf die Arbeitsfläche schütten. Eine Mulde in das Mehl drücken und das Ei und das Salz mit den Knethaken des Handrührgerätes oder einer Gabel einrühren. So viel Wein oder Wasser eßlöffelweise einarbeiten, bis ein nicht klebender Teig entsteht. Den Teig noch 3–4 Minuten kneten, bis er geschmeidig ist. In Folie gewickelt oder in einer dicht schließenden Dose etwa 1 Stunde bei Zimmertemperatur stehenlassen.
- Inzwischen die Pilze putzen dabei von großen Pilzen die Huthaut abziehen und die Röhren entfernen. Pilze kurz mit Wasser überbrausen und in ½–1 cm breite Streifen oder Stücke schneiden. Die Zwiebel schälen, abspülen, halbieren und in kleine Würfel schneiden.
- Die Butter in einer Pfanne aufschäumen lassen, die Zwiebel bei mittlerer Hitze hellbraun braten. Die Zwiebel auf einem Teller beiseite legen. Die restliche Butter erhitzen und die Pilze darin kurz bei starker Hitze anbraten. Die Hitze zurückschalten und die Pilze 7–10 Minuten weiterbraten. Die Zwiebel wieder dazugeben.
- Für die Sauce die Butter in einem Topf aufschäumen lassen. Das Weizenmehl dazugeben und unter Rühren bei schwacher Hitze 1–2 Minuten leicht anschwitzen. Den Topf vom Herd nehmen, die Milch und die Sahne angießen. Den Topf auf die Kochstelle zurückstellen und die Masse unter Rühren 2–3 Minuten leicht kochen lassen. Die Sauce soll relativ flüssig sein. Die Sauce mit der Paste, Salz und Streuwürze abschmecken.
- Den Lauch putzen, grobe grüne Blätter und die Wurzeln abschneiden. Die Lauchstange längs durchschneiden, die einzelnen Blätter aufklappen und unter fließendem Wasser gründlich waschen. Den Lauch bis auf einen 1 cm langen

Rest in etwa 2 mm feine Streifchen schneiden und in die Sauce einrühren.

- Den Nudelteig in 4 Portionen teilen und jeweils zu einer eckigen Platte etwa 2 mm dünn auswellen. Jede Teigplatte in 2 Rechtecke zerteilen.
- Den Backofen auf 200° (Gas 2½–3) vorheizen und eine flache Auflaufform fetten.
- Abwechselnd lagenweise Sauce, Nudelplatten, Pilze und Käse einschichten und mit der Sauce abschließen. Sollte die Sauce nicht ganz reichen, noch etwas Sahne über den Auflauf gießen. Die Nudelplatten müssen ganz in der Sauce liegen, damit sie in der Flüssigkeit garen können und nicht trocken werden. Man kann die Oberfläche mit einem Löffel etwas eindrükken, damit sich die Flüssigkeit gut verteilt.
- Den Gratin auf der mittleren Schiene 25–30 Minuten überbacken, bis sich die Oberfläche zu bräunen beginnt.
- Das restliche Lauchstück in hauchfeine Streifen schneiden, auf den Gratin streuen und diesen servieren.

Braucht etwas Zeit · Raffiniert

Überbackene Pfannkuchenröllchen

Bild Seite 35

Zutaten für 4 Personen:
Für den Teig: 100 g Weizen, feingemahlen · 50 g Buchweizen, feingemahlen · 1 Ei · etwa 350 ccm Milch, oder Milch und Mineralwasser gemischt · Kräutersalz · 3–4 Eßl. Öl
Für die Füllung: 500 g Blattspinat · 100 g Emmentaler, frisch gerieben · ¾ Bund Petersilie, frisch gehackt
Für die Sauce: 1 mittelgroße Zwiebel · 60 g Butter · 60 g Weizen, feingemahlen · etwa ½ l Milch · 50 g Sahne · 1 gestrichener Teel. gekörnte Gemüsebrühe · Kräutersalz · 1 Prise Muskatnuß, frisch gerieben · 1 Knoblauchzehe · 3–4 Eßl. Tomatenmark
Für die Form: Butter
Zum Garnieren: ¼ Bund Petersilie, frisch gehackt · 2 Tomaten
Pro Portion etwa 3400 kJ/810 kcal
27 g Eiweiß · 53 g Fett · 54 g Kohlenhydrate · 11 g Ballaststoffe

Vorbereitungszeit: etwa 1 Stunde
Backzeit: 15–20 Minuten

- Für die Pfannkuchen das Weizen- und Buchweizenmehl mit dem Ei, der Milch und Kräutersalz verrühren und 15–30 Minuten quellen lassen. Der Teig soll relativ flüssig sein, damit er gut in der Pfanne verlaufen kann. Eventuell nach dem Quellen noch etwas Flüssigkeit einrühren.
- Inzwischen den Spinat putzen, sehr gründlich waschen und in einen Topf geben. Mit dem anhaftenden Wasser etwa 5 Minuten bei geschlossenem Deckel dünsten, bis er zusammengefallen ist. Dann den Deckel abnehmen und den Spinat zum Abkühlen beiseite stellen.
- Für die Sauce die Zwiebel schälen, abspülen und in kleine Würfel schneiden. Die Butter in einem Topf aufschäumen lassen. Die Zwiebelwürfel dazugeben und leicht anbräunen. Das Weizenmehl dazugeben und bei mittlerer Hitze unter Rühren etwa 1–2 Minuten leicht anschwitzen. Den Topf vom Herd nehmen, die Milch und die Sahne angießen. Den Topf auf den Herd zurückstellen und die Masse unter Rühren leicht kochen lassen, bis die Sauce dickflüssig wird. Die gekörnte Gemüsebrühe, Kräutersalz und die Muskatnuß einrühren. Die Knoblauchzehe schälen, sehr fein schneiden oder durch die Presse drücken und in die Sauce einrühren.

• In einer Pfanne das Öl erhitzen, mit einer kleinen Schöpfkelle etwas Teig von oben in die schräg gehaltene Pfanne hineinfließen und unter leichtem Drehen zu einer Fläche ausfließen lassen. Die Pfannkuchen goldbraun braten und auf einen Teller legen. Die Teigmenge ergibt etwa 8 dünne Pfannkuchen.
• Den Backofen auf 200° (Gas 2½–3) vorheizen und eine flache Auflaufform fetten.
• Den Spinat auf ein großes Brett geben, mit einem großen Messer kleinhacken, wieder in den Topf geben und mit zwei Dritteln der Sauce, des Käses und der Petersilie vermischen. Jeweils etwa 2 Eßlöffel der Spinatmasse auf die Pfannkuchen setzen, diese einrollen oder zusammenklappen und nebeneinander in die Form setzen. In die restliche Sauce das Tomatenmark und eventuell noch etwas Milch einrühren, dann über die Pfannkuchen gießen und den restlichen Käse darüberstreuen.

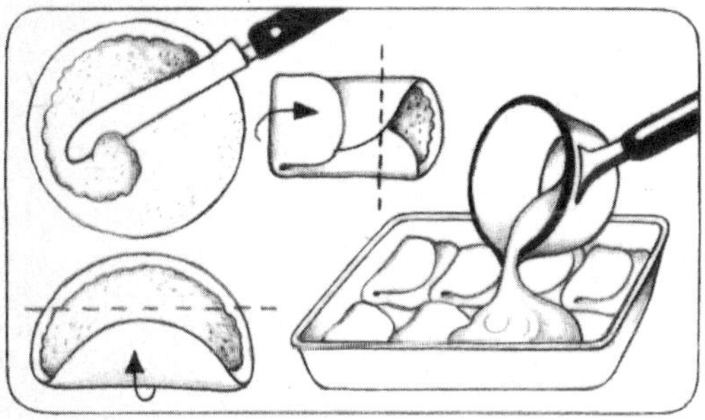
Die gefüllten Pfannkuchen werden gerollt oder gefaltet, in die Form geschichtet und mit Sauce begossen.

• Die Pfannkuchenröllchen auf der mittleren Schiene in 15–20 Minuten backen, bis der Käse leicht gebräunt ist.
• Mit der Petersilie und Tomatenachteln garniert servieren.

Variante: Wenn Sie wenig Zeit haben, dann lassen Sie die Pfannkuchen weg und kochen dafür 250 g Vollkornnudeln oder -platten, die Sie abwechselnd mit der Spinatmasse einschichten.

Raffiniert · Braucht etwas Zeit

Spargelnudeln mit Safransauce

Bild Seite 54

Wer behauptet, daß Spargel nur mit neuen Kartoffeln und einer Sauce hollandaise oder béarnaise richtig schmecken kann, hat nicht ganz recht. Kombinieren Sie doch mal den König der Gemüse mit dem edlen Safran und selbstgemachten Vollkornnudeln!

Zutaten für 4 Personen:
200 g Weizen, sehr fein gemahlen · 1 Ei (Gewichtsklasse 4) · Salz · 6–8 Eßl. Wasser · 10 g Butter · ¼ Teel. Zuckerrohrgranulat oder Ahornsirup · 500 g Spargel
Für die Sauce: 100 ccm Spargelkochwasser · 200 g Sahne · 20 g Weizen, feingemahlen oder Sojamehl, vollfett · Kräutersalz · Streuwürze · 1 Portion (125 mg) Safranpulver · 50 Gouda, frisch gerieben · 3–4 Eigelbe · 3–4 Eiweiße · 20 g Butter
Für die Form: Butter
Zum Bestreuen: ¼ Bund Schnittlauch, frisch geschnitten
Pro Portion etwa 2400 kJ/570 kcal
21 g Eiweiß · 34 g Fett · 40 g Kohlenhydrate · 10 g Ballaststoffe

Vorbereitungszeit einschließlich Ruhezeit: etwa 1 Stunde und 10 Minuten
Backzeit: 25–30 Minuten

• Für den Teig das Weizenmehl in eine Rührschüssel oder auf die Arbeitsfläche schütten. Eine Mulde in das Mehl drücken und das Ei und ½ Teelöffel Salz mit den Knethaken des Handrührgerätes oder einem Rührlöffel einrühren. So viel Wasser eßlöffelweise einarbeiten, bis ein nicht klebender Teig entsteht. Den Teig noch 3-4 Minuten kneten, bis er geschmeidig ist. In Folie gewickelt bei Zimmertemperatur mindestens 45 Minuten stehenlassen.
• Dann den Teig in 4 Portionen teilen, auf bemehlter Arbeitsfläche 1-2 mm dünn auswellen, die Teigflächen auf frische Geschirrtücher legen und leicht antrocknen lassen.
• Eine flache Auflaufform fetten.
• In einem Topf etwa 1½ l Wasser mit der Butter, ½ Teelöffel Salz und dem Zuckerrohrgranulat oder Ahornsirup zum Kochen bringen.
• Die Spargelstangen schälen und dabei holzige Stellen entfernen. In etwa 2 cm lange Stücke schneiden. Die Spargelstücke in das kochende Wasser geben, und in 7-10 Minuten (je nach Dicke der Stangen) bei mittlerer Hitze nicht ganz gar kochen. Mit einer Schaumkelle aus dem Wasser heben, kurz abtropfen lassen und in die Auflaufform geben.
• Die Teigflächen der Länge nach zusammenrollen, etwa 1 cm breite Streifen abschneiden, die Nudelstreifen lockern, in das kochende Spargelwasser geben und in etwa 5 Minuten garen. Ein Sieb auf eine Schüssel stellen (zum Auffangen des Spargelwassers), die Nudeln abgießen und abtropfen lassen. Dann in die Form zu dem Spargel geben und untermischen.
• Den Backofen auf 200° (Gas 2½-3) vorheizen.
• Für die Sauce das leicht abgekühlte Spargelkochwasser mit der Sahne, dem Weizen- oder Sojamehl, den Gewürzen, dem Käse und den Eigelben verrühren und abschmecken. Die Hälfte der Sauce gleichmäßig über die Spargel-Nudelmischung gießen.
• Die Eiweiße mit 1 Prise Salz steif schlagen und vorsichtig unter die Nudel-Spargelmischung heben. Die restliche Sauce darübergießen und die Butter in Stückchen daraufsetzen.
• Den Auflauf auf der mittleren Schiene 25-30 Minuten backen, bis die Oberfläche leicht gebräunt ist.
• Mit dem Schnittlauch bestreut servieren.

Ganz einfach

Nudelauflauf mit Tofu und Paprika

Bild Seite 36

Zutaten für 4 Personen:
300 g Tofu · 4 Eßl. Olivenöl · 5 Eßl. Weißwein oder Gemüsebrühe · Kräutersalz · je ¼ Teel. getrockneter Oregano und Thymian · Pfeffer, frisch gemahlen · 1 Knoblauchzehe · 250 g Vollkornnudeln · 2 mittelgroße Zwiebeln · je 1 rote und grüne Paprikaschote · 250 g Tomaten · 20 g Butter · 2 Eßl. Gomasio
Zum Bestreuen: 1 Eßl. beliebige Kräuter, frisch gehackt oder Sprossen
Pro Portion etwa 2500 kJ/600 kcal
19 g Eiweiß · 33 g Fett · 54 g Kohlenhydrate · 10 g Ballaststoffe

Vorbereitungszeit: etwa 40 Minuten
Backzeit: 20-25 Minuten

• Den Tofu in etwa 1 cm große Würfel schneiden. Die Hälfte des Olivenöls und den Weißwein oder die Gemüsebrühe in eine kleine Schüssel geben. Kräutersalz, den Oregano, den Thymian und Pfeffer einrühren. Die Knoblauchzehe schälen, sehr fein schneiden oder durch die Presse drücken und einrühren. Die Tofuwürfel in die

Marinade legen. Mindestens 20 Minuten ziehen lassen, dabei öfters umrühren.

• Inzwischen 1½–2 l Wasser in einem großen Topf zum Kochen bringen. 1 Eßlöffel Öl und Salz dazugeben. Die Nudeln auf einmal hineinschütten und im offenen Topf in 7–12 Minuten nicht zu weich kochen. Die Nudeln in ein Sieb gießen, kurz kalt abbrausen und abtropfen lassen.

• Die Zwiebeln schälen, kurz abspülen, halbieren und in feine Streifen oder Würfel schneiden. Das restliche Olivenöl in einer Pfanne oder einem flachen Topf erhitzen und die Zwiebeln darin in etwa 5 Minuten leicht anbräunen lassen.

• Die Paprikaschoten waschen, längs aufschneiden und den Stielansatz und die Kerne entfernen. Die Schoten in etwa 1 cm große Stücke schneiden, zu den angebräunten Zwiebeln geben und noch 1–2 Minuten bei schwacher Hitze dünsten lassen.

• Den Backofen auf 200° vorheizen und eine flache Auflaufform bereitstellen.

• Lagenweise abwechselnd Nudeln, Gemüse und drei Viertel der Tofustücke in die Form einschichten, dabei mit einer Nudelschicht enden. Die Tomaten waschen und in Scheiben schneiden, dabei den Strunkansatz keilförmig ausschneiden. Die Tomatenscheiben auf die letzte Nudelschicht legen und die restlichen Tofustükke mit der Marinade darauf verteilen. Die Butter in Stückchen daraufsetzen und das Gomasio darüberstreuen.

• Die Form auf die mittlere Schiene des Backofens stellen und den Auflauf 20–25 Minuten überbacken.

• Mit frisch gehackten Kräutern oder Sprossen bestreuen und servieren.

Ganz einfach · Raffiniert

Grüne Sahnenudeln mit Broccoli

Zutaten für 4 Personen:
750 g Broccoli · Kräutersalz ·
250 g Spinat-Vollkornnudeln · 1 Eßl. Öl ·
40 g Butter · 40 g Weizen, feingemahlen ·
etwa ½ l Broccolikochwasser · 200 g süße oder 20%ige saure Sahne · Streuwürze · 1 Prise Muskatnuß, frisch gerieben · 1 gestrichener Teel. gekörnte Gemüsebrühe ·
4 Knoblauchzehen · 2 Eßl. Gomasio
Zum Bestreuen: je 2 Eßl. Petersilie und Basilikum, frisch gehackt

Pro Portion etwa 2700 kJ/640 kcal
21 g Eiweiß · 35 g Fett · 60 g Kohlenhydrate · 16 g Ballaststoffe

Vorbereitungszeit: etwa 30 Minuten
Backzeit: 20–25 Minuten

• Den Broccoli von den größeren Blättern befreien und etwa 15 Minuten in Salz- oder Biosmonwasser legen. Danach gründlich waschen. Die Stielenden kreuzweise einschneiden.

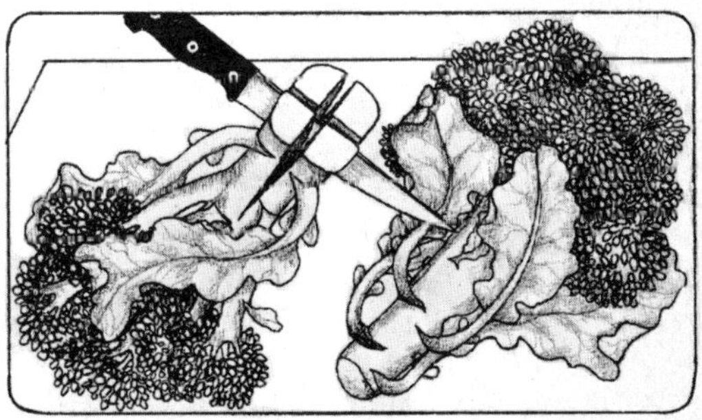

Broccolistiele werden kreuzweise eingeschnitten, damit sie gleichzeitig mit den Röschen gar werden.

• Inzwischen für die Nudeln 1½–2 l Wasser zum Kochen bringen. Das Öl und 1 Prise Salz dazugeben. Die Nudeln auf einmal hineinschütten und im offenen Topf in 7–10 Minuten nicht zu weich kochen. Die Nudeln sollen noch Biß haben. Danach in ein Sieb gießen, mit kaltem Wasser überbrausen und abtropfen lassen.
• Den Broccoli mit ½ l Wasser etwa 5 Minuten zugedeckt vorgaren. Dann abtropfen lassen und das Kochwasser auffangen.
• Den Backofen auf 200° (Gas 2½–3) vorheizen und eine flache Auflaufform bereitstellen.
• Für die Sauce in einem kleinen Topf die Butter aufschäumen lassen, das Weizenmehl dazugeben und bei mittlerer Hitze unter Rühren 1–2 Minuten leicht anschwitzen. Den Topf vom Herd nehmen, das Gemüsewasser und die Sahne angießen. Den Topf wieder auf den Herd zurückstellen und die Sauce so lange kochen lassen, bis sie leicht sämig wird. Die Gewürze und die Gemüsebrühe einrühren und die Sauce abschmecken. Sie soll kräftig schmecken, da sie Nudeln und Broccoli würzen muß. Die Knoblauchzehen schälen, fein zerdrücken und ebenfalls einrühren.
• Lagenweise abwechselnd Nudeln und Broccoli in die Form einschichten, dabei mit einer Lage Nudeln abschließen. Die Sauce darübergießen, das Gomasio darüberstreuen.
• Die Nudeln auf der mittleren Schiene des Backofens 20–25 Minuten überbacken, bis die Oberfläche leicht gebräunt ist.
• Die Kräuter darüberstreuen und die Nudeln servieren.

Variante: Ganz edel wird dieser Gratin, wenn Sie getrocknete Morcheln, nach Vorschrift eingeweicht und gründlich gewaschen, in die Sahnesauce geben. Lassen Sie in diesem Fall die Knoblauchzehen weg und geben Sie anstelle des Gemüsekochwassers das durch einen Papierfilter gereinigte Pilzeinweichwasser dazu.

Braucht etwas Zeit · Ganz einfach

Kässpätzle

Spätzle, die zwar aus den gleichen Grundzutaten hergestellt werden wie Nudeln, aber anders heißen, sind das Nationalgericht der Schwaben. Sie werden jedoch auch von vielen Nichtschwaben heiß geliebt. Spätzle sind sehr vielseitig und lassen sich nicht nur als Beilage, sondern auch zu Aufläufen verwenden.

Zutaten für 4–6 Personen:
500 g Dinkel oder 250 g Dinkel und 250 g Weizen, sehr fein gemahlen · 2 gestrichene Teel. Kräutersalz · Muskatnuß, frisch gerieben · 2–3 Eier · etwa 300 ccm kohlensäurehaltiges Mineralwasser · Salz · 1–2 Eßl. Öl · 3 große Zwiebeln · 50 g Butter · 250–300 g Emmentaler Käse, frisch gerieben
Zum Bestreuen: ½ Bund Petersilie, frisch gehackt
Bei 4 Portionen etwa 3900 kJ/930 kcal
39 g Eiweiß · 45 g Fett · 82 g Kohlenhydrate · 12 g Ballaststoffe pro Person

Vorbereitungszeit einschließlich Ruhezeit: etwa 1 Stunde
Backzeit: 20–25 Minuten

• Falls das Mehl nicht sehr fein gemahlen werden konnte, die groben Kleieteile aussieben. Das Vollkornmehl in eine Rührschüssel geben. Das Kräutersalz und Muskatnuß dazufügen. Die Eier nacheinander einrühren. So viel Mineralwasser einrühren, bis ein geschmeidiger, nicht zu weicher Teig entsteht. Mit dem Kochlöffel oder dem Knethaken des Rührgerätes den Teig so lange durchschlagen, bis er Blasen wirft. Den Teig zugedeckt mindestens 15 Minuten quellen lassen.

- Inzwischen einen großen Topf Wasser zum Kochen bringen, dann 1 Prise Salz und das Öl dazugeben.
- Die Zwiebeln schälen, abspülen, halbieren und in feine Streifen schneiden. Die Hälfte der Butter in einer Pfanne erhitzen und die Zwiebeln darin bei mittlerer Hitze goldbraun braten.
- Den gequollenen Spätzleteig nochmal durchschlagen. Eventuell noch etwas Mineralwasser dazugeben, damit der Teig geschmeidig wird. Einen Teil des Teiges auf das nasse Spatzenbrett streichen und mit einem Spatzenschaber oder mit einem großen Messer etwa ½ cm breite Streifen in das kochende Salzwasser schaben. Wenn die Spätzle hochsteigen, diese noch einmal kurz aufkochen lassen, dann mit einem Schaumlöffel herausnehmen und in ein Sieb zum Abtropfen geben. Wenn alle Spätzle fertig sind, diese im Sieb noch einmal mit kaltem Wasser abspülen, damit sie nicht zusammenkleben.
- Den Backofen auf 200° (Gas 2½-3) vorheizen und eine hohe oder flache Auflaufform mit der Hälfte der restlichen Butter fetten.
- Die Spätzle abwechselnd mit dem geriebenen Käse und den gebräunten Zwiebeln einschichten, dabei etwas vom dem Käse und den Zwiebeln zurückbehalten. Mit einer Schicht aus Spätzle abschließen, den restlichen Käse darüberstreuen und die restliche Butter in Stückchen daraufsetzen.
- Die Kässpätzle auf der mittleren Schiene des Backofens 20-25 Minuten backen, bis der Käse leicht gebräunt ist.
- Die Spätzle mit den restlichen Röstzwiebeln und der gehackten Petersilie bestreut servieren.

Tip: Sie können den Spätzleteig auch durch eine Spätzlepresse drücken oder durch einen Spätzlehobel in das Wasser reiben. Beachten Sie, daß die Dicke der Spatzen von der Teigkonsistenz abhängt, das heißt je weicher der Teig, um so dünner werden die Spätzle. Wenn Sie die Spätzle schon am Vortag herstellen, läßt sich dieses Gericht in 15 Minuten vorbereiten.

Variante: Man kann zwischen die Spätzle auch Weißkrautstreifen oder Rosenkohlröschen einschichten, die man vorher zusammen mit den Zwiebeln oder separat vorgegart hat.

Spätzle am Tag zuvor gekocht · Ganz einfach

Krautspätzle

Zutaten für 4-6 Personen:
4 große Zwiebeln · 4 Eßl. Sonnenblumenöl · etwa 750 g gegarte Spätzle (aus 500 g Weizen- oder Dinkelmehl, Rezept Seite 44) ·
500 g frisches Sauerkraut · 40 g Butter
Für die Form: Butter
Bei 4 Portionen etwa 3200 kJ/760 kcal
22 g Eiweiß · 33 g Fett · 89 g Kohlenhydrate ·
15 g Ballaststoffe pro Person

Vorbereitungszeit: etwa 20 Minuten
Backzeit: 30-35 Minuten

- Die Zwiebeln schälen, abspülen, halbieren und in feine Streifen schneiden. Das Öl in einer Pfanne erhitzen und die Zwiebeln darin bei mittlerer Hitze goldbraun braten.
- Den Backofen auf 200° (Gas 2½-3) vorheizen und eine hohe Auflaufform fetten.
- Abwechselnd die Spätzle, das Sauerkraut und die angebräunten Zwiebeln in die Form schichten. Die letzte Schicht soll aus Spätzle und Zwiebeln bestehen. Die Butter in Stückchen daraufsetzen.
- Den Auflauf mit Deckel 30 Minuten auf der mittleren Schiene des Backofens backen lassen. Dann den Deckel abnehmen und den Auflauf noch etwa 5 Minuten überbacken lassen.

Kartoffeln, überbacken

Dieses Kapitel wendet sich an die Kartoffelfans und solche, die es werden möchten. Es lohnt sich, denn die Kartoffel ist ein sehr wertvolles Lebensmittel. Kartoffeln sind alles andere als Dickmacher, wie es jahrelang verkündet wurde! Die Vollwertkost hat den Wert dieser tollen Knolle schon lange erkannt. Sie wirkt neutralisierend auf den Säure-Basenstoffwechsel und enthält zudem wertvolles Eiweiß, das zusammen mit dem Eiweiß der Milch oder des Eies eine sehr hohe biologische Wertigkeit im Körper erreicht. Weiterhin macht ein hoher Gehalt an Vitaminen, Mineralstoffen und Ballaststoffen die Kartoffel zusätzlich attraktiv.

Ganz einfach · Schnell · Vielseitig

Kartoffel-Käseauflauf

Zutaten für 4-6 Personen:
1 kg mehlige oder mehlig festkochende Kartoffeln · ¼ l warme Milch oder Sahne · 2-3 Eigelbe · 40-50 g Weizen, feingemahlen · Kräutersalz · weißer Pfeffer, frisch gemahlen · 1 Prise Muskatnuß, frisch gerieben · 100 g Parmesan, frisch gerieben · 50 g Emmentaler, frisch gerieben · 1 Bund Petersilie oder Schnittlauch, frisch geschnitten · 2-3 Eiweiße · 20 g Butter
Für die Form: Butter
Bei 4 Portionen etwa 2100 kJ/500 kcal
25 g Eiweiß · 21 g Fett · 51 g Kohlenhydrate · 6 g Ballaststoffe pro Person

Vorbereitungszeit: etwa 40 Minuten
Backzeit: 30-35 Minuten

• Die Kartoffeln waschen und mit der Schale in wenig Wasser garen. Danach abgießen, leicht abkühlen lassen und schälen. Die Kartoffeln noch warm mit einer Kartoffelpresse, einem Kartoffelstampfer oder Mixstab zerdrücken.
• Den Backofen auf 200° (Gas 2½-3) vorheizen und eine hohe Auflaufform fetten.

Es gibt von Kartoffelpressen die verschiedensten Ausführungen. Das Wesentliche für uns ist, daß man damit auch aus Pellkartoffeln Püree zubereiten kann.

• Die Milch oder Sahne, die Eigelbe, das Weizenmehl, Salz, Pfeffer und die Muskatnuß einrühren. Den Käse und die Kräuter bis auf einen kleinen Rest ebenfalls unterrühren. Die Masse soll geschmeidig sein; gegebenenfalls noch etwas Milch einrühren.
• Die Eiweiße mit 1 Prise Salz steif schlagen und mit einem Schneebesen vorsichtig unterheben. Die Kartoffelmasse in die Form geben und glattstreichen. Die Butter in Stückchen auf dem Auflauf verteilen.
• Die Form auf die mittlere Schiene in den Backofen stellen und den Auflauf in 30-35 Minuten goldbraun backen.
• Den fertigen Auflauf mit den restlichen Kräutern bestreut servieren.

Das paßt dazu: Joghurtsauce mit Kräutern oder eine Sauce mit frischen Tomatenstückchen und Kräutern

Variante: Kartoffel-Käseauflauf mit Sesam und Sonnenblumenkernen
Rösten Sie dafür in einer Pfanne zuerst 5 Eßlöf-

fel Sesamsamen und 5 Eßlöffel Sonnenblumenkerne getrennt an und rühren Sie diese in die Kartoffelmasse ein. Überstreuen Sie diese Variante auch mit diesen Samen.

Tip: In der Vollwertküche werden Kartoffeln möglichst mit der Schale gegart, um Auslaugverluste so gering wie möglich zu halten. Daher sollte wenig Kochwasser verwendet werden, wie es bei dicht schließenden Töpfen möglich ist. Auch Garen im Dampf (nicht im Dampfdruckkochtopf!) ist empfehlenswert. Verwenden Sie am besten mittelgroße und kleine Kartoffeln, da diese am schnellsten gar sind. Sie brauchen 20–30 Minuten. Auf jeden Fall sollen die Kartoffeln, die zusammen garen, gleich groß sein. Schrecken Sie die gekochten Kartoffeln mit kaltem Wasser ab. Sie kühlen dann schneller ab und die Schale läßt sich leichter abziehen.

Ganz einfach

Kartoffel-Zucchini-Pilzauflauf

Bild Seite 17

Zutaten für 4 Personen:
500 g festkochende oder mehlig festkochende Kartoffeln · 700 g Zucchini · 200 g braune Champignons · 1 Eßl. Butterschmalz oder Olivenöl
Für die Sauce: 2 mittelgroße Zwiebeln · 40 g Butter · 40 g Weizen, feingemahlen · 200 ccm Wasser · 200 g Sahne · 1–2 Teel. Tomatenmark · Kräutersalz · Streuwürze · 1 gestrichener Teel. Gemüsebrühepaste · ½ Bund Petersilie, frisch gehackt · 50 g Appenzeller oder Emmentaler, frisch gerieben · 2 Eßl. Gomasio
Für die Form: Butter

Pro Portion etwa 2400 kJ/570 kcal
14 g Eiweiß · 38 g Fett · 43 g Kohlenhydrate · 6 g Ballaststoffe

Vorbereitungszeit: etwa 40 Minuten
Backzeit: 20–25 Minuten

- Die Kartoffeln waschen und mit der Schale in wenig Wasser nicht ganz weich kochen. Danach abgießen und leicht abkühlen lassen.
- Die Zucchini gründlich waschen, Stiel- und Blütenansatz entfernen und die Früchte in etwa ½ cm dicke Scheiben schneiden oder hobeln. Die Champignons unter fließendem Wasser abspülen, wenn nötig putzen, und dann in etwa ½ cm dicke Scheiben schneiden.
- Das Butterschmalz oder Öl in einer Pfanne erhitzen und die Pilzscheiben darin bei anfangs starker Hitze leicht anbräunen. Dann beiseite stellen und leicht abkühlen lassen.
- Inzwischen für die Sauce die Zwiebeln schälen, abspülen, halbieren und in kleine Würfel schneiden. Die Butter in einer Pfanne aufschäumen lassen und die Zwiebeln darin bei schwacher Hitze leicht anbräunen. Das Weizenmehl dazugeben und leicht anschwitzen. Die Pfanne vom Herd nehmen und das Wasser und die Sahne angießen. Das Tomatenmark und die Gewürze einrühren und die Sauce etwa 5 Minuten bei schwacher Hitze kochen lassen, bis sie dickflüssig ist. Dann beiseite stellen. Zwei Drittel der Petersilie in die nicht mehr kochende Sauce einrühren.
- Die Kartoffeln schälen und in ½ cm dünne Scheiben schneiden.
- Den Backofen auf 225° (Gas 3–4) vorheizen und eine große, flache Auflaufform fetten.
- Die Zucchini mit den Kartoffeln und den Pilzen schuppenartig in die Form schichten und die Sauce darübergießen. Den Käse mit dem Gomasio vermischen und darüberstreuen.
- Den Auflauf auf der mittleren Schiene des

Backofens in 20–25 Minuten überbacken, bis sich die Oberfläche leicht bräunt.
- Mit der restlichen Petersilie bestreut servieren.

Preiswert · Kartoffeln am Tag zuvor gekocht

Kartoffel-Weißkohlauflauf

Zutaten für 4–6 Personen:
500 g Weißkohl · 40 g Butter · ½ Teel. Kümmelkörner · 750 g gekochte Pellkartoffeln · 250 g Sahne · 1 Ei · Kräutersalz · Streuwürze · weißer Pfeffer, frisch gemahlen · 1 Prise Muskatnuß, frisch gerieben
Für die Form: Butter
Bei 4 Portionen etwa 1900 kJ/450 kcal
9 g Eiweiß · 31 g Fett · 38 g Kohlenhydrate · 8 g Ballaststoffe pro Person

Vorbereitungszeit: etwa 30 Minuten
Backzeit: 25–30 Minuten

- Den Kohlkopf waschen, putzen, vierteln und den Strunk keilförmig herausschneiden. Den Kohl in etwa ½ cm breite Streifen schneiden.
- Die Hälfte der Butter zerlassen und die Kohlstreifen mit dem Kümmel 10–12 Minuten bei schwacher Hitze nicht ganz weich dünsten.
- Inzwischen die Kartoffeln schälen und in etwa ½ cm dünne Scheiben schneiden.
- Den Backofen auf 200° (Gas 2½–3) vorheizen und eine flache Auflaufform fetten.
- Die Sahne mit dem Ei und den Gewürzen verrühren.
- Die Kartoffelscheiben und die Kohlstreifen lagenweise in die Form einschichten. Die letzte Schicht soll aus Kartoffeln bestehen. Dabei die einzelnen Schichten immer mit etwas Sahnemischung begießen. Die oberste Schicht mit der restlichen Sahne begießen und die restliche Butter in kleinen Stücken daraufsetzen.
- Den Auflauf auf der mittleren Schiene des Backofens 25–30 Minuten garen, bis die Oberfläche goldbraun ist.

Varianten: Anstelle des Weißkohls kann man auch andere Kohlsorten verwenden, wie zum Beispiel Wirsing, Rosenkohl oder Butterkohl.

Ganz einfach · Preiswert · Raffiniert

Exotischer Kartoffelauflauf mit Äpfeln und Curry

Lieben Sie interessante Kombinationen? Dann sollten Sie auf jeden Fall diese Liaison zwischen Erd- und Baumapfel versuchen!

Zutaten für 4 Personen:
1 kg festkochende oder mehlig festkochende Kartoffeln · 2 mittelgroße Zwiebeln · 40 g Butter · 200 g Sahne · 200 ccm Milch · 2–2½ Eßl. Currypulver · eventuell 1 gestrichener Eßl. Kurkuma · 1 Teel. Streuwürze · 500 g säuerliche Äpfel (zum Beispiel Boskop) · 1–2 Eßl. Sesamsamen
Für die Form: Butter
Zum Bestreuen: 2–3 Eßl. Weizensprossen
Pro Portion etwa 2600 kJ/620 kcal
12 g Eiweiß · 31 g Fett · 70 g Kohlenhydrate · 7 g Ballaststoffe

Vorbereitungszeit: etwa 35 Minuten
Backzeit: 30–35 Minuten

- Die Kartoffeln waschen und mit der Schale in wenig Wasser nicht ganz gar kochen. Danach abgießen und leicht abkühlen lassen.
- Inzwischen die Zwiebeln schälen, abspülen,

halbieren und in kleine Würfel schneiden. Die Hälfte der Butter aufschäumen lassen und die Zwiebeln darin goldbraun braten.

- Die Sahne und die Milch mit dem Currypulver, eventuell dem Kurkuma und der Streuwürze verrühren. Die Kartoffeln schälen und in etwa ½ cm dünne Scheiben schneiden. Die Äpfel schälen, vierteln, vom Kernhaus befreien und in etwa ½ cm dünne Scheiben schneiden.
- Den Backofen auf 200° (Gas 2½–3) vorheizen und eine flache Auflaufform fetten.
- Die Kartoffel- und Apfelscheiben lagenweise in die Form schichten. Auf jede Zwischenlage einige gebratene Zwiebelstückchen und etwas Sahnesauce geben. Die letzte Schicht soll aus Kartoffeln bestehen. Die restliche Sahnesauce darübergießen, den Sesam darüberstreuen und die restliche Butter in Stückchen daraufsetzen.
- Die Form auf die mittlere Schiene in den Backofen stellen und den Auflauf in 30–35 Minuten backen, bis die Oberfläche gebräunt ist.
- Mit den Weizensprossen bestreut servieren.

Ganz einfach

Fenchelauflauf mit Kartoffeln

Zutaten für 4 Personen:
800 g festkochende oder mehlig festkochende Kartoffeln · 1 kg Fenchelknollen · 2 Eßl. Zitronensaft oder trockener Weißwein · ½ Teel. Salz · ¼ l Wasser
Für die Sauce: 40 g Butter · 40 g Weizen, feingemahlen · 200 g Sahne · 150–200 ccm Gemüsekochwasser · 1 gestrichener Teel. gekörnte Gemüsebrühe · Kräutersalz · 1 Prise Muskatnuß, frisch gerieben · 1 Bund Petersilie · 100–150 g Greyerzer oder Emmentaler, frisch gerieben
Für die Form: Butter

Pro Portion etwa 2800 kJ/670 kcal
21 g Eiweiß · 36 g Fett · 64 g Kohlenhydrate · 15 g Ballaststoffe

Vorbereitungszeit: etwa 45 Minuten
Backzeit: 20–25 Minuten

- Die Kartoffeln waschen und mit der Schale in wenig Wasser nicht ganz weich garen. Dann abgießen und leicht auskühlen lassen.
- Inzwischen die Fenchelknollen von unschönen Stellen befreien, gründlich waschen und längs halbieren. Das Fenchelgrün abschneiden und beiseite legen. Den Zitronensaft oder Weißwein, das Salz und das Wasser in einem dicht schließenden Topf zum Kochen bringen. Die Fenchelhälften darin zugedeckt in 15–20 Minuten nicht ganz weich garen. Den Fenchel leicht auskühlen lassen und auf einen Teller legen.
- Für die Sauce die Butter in einem Topf aufschäumen lassen, das Weizenmehl dazugeben und bei schwacher Hitze kurz anschwitzen. Den Topf vom Herd nehmen, die Sahne und das Gemüsewasser einrühren, wieder zurückstellen und 1–2 Minuten aufkochen lassen, bis die Sauce dickflüssig ist. Die Gemüsebrühe, Salz und die Muskatnuß einrühren und beiseite stellen.
- Die Kartoffeln schälen und in ½ cm dünne Scheiben schneiden.
- Den Backofen auf 200° vorheizen und eine flache Auflaufform fetten.
- Die gekochten Fenchelknollen und die Kartoffelscheiben abwechselnd in die Form legen. Die Petersilie und das Fenchelgrün feinschneiden und die Hälfte über die Zutaten in der Form streuen. Den Käse in die leicht abgekühlte Sauce einrühren und diese über die eingeschichteten Zutaten gießen.
- Den Auflauf auf der mittleren Schiene in 20–25 Minuten goldbraun backen.
- Mit den restlichen Kräutern bestreut servieren.

Kartoffeln am Tag zuvor gekocht · Preiswert

Kartoffelauflauf mit Lauch

Zutaten für 4 Personen:
800 g gekochte Pellkartoffeln · 4 mittelgroße Zwiebeln · 400 g Lauch/Porree · 2 Zuckermaiskolben, ersatzweise 1 Dose Maiskörner · 2 Eßl. Sonnenblumenöl · 1 Bund Schnittlauch oder Petersilie, frisch geschnitten · 200 g saure Sahne · 100 ccm Milch oder Sahne · 1 Ei · 50 g Hartkäse, frisch gerieben · 1 Knoblauchzehe · Kräutersalz · Streuwürze · ½ Teel. Currypulver · 1 Prise Muskatnuß, frisch gerieben · 2 Eßl. Hefeflocken · 20 g Butter
Für die Form: Butter
Pro Portion etwa 2300 kJ/550 kcal
17 g Eiweiß · 27 g Fett · 59 g Kohlenhydrate · 18 g Ballaststoffe

Vorbereitungszeit: etwa 40 Minuten
Backzeit: 20-25 Minuten

- Die Kartoffeln schälen und in ½ cm dicke Scheiben schneiden. Die Zwiebeln schälen, kurz abspülen, halbieren und in feine Streifen schneiden. Den Lauch von harten unschönen Blattspitzen und den Wurzeln befreien und längs durchschneiden. Die einzelnen Hälften unter Aufklappen der Blätter unter fließendem Wasser gründlich waschen und in ½ cm breite Streifen schneiden. Die Maiskolben schälen und die Maiskörner mit einem großen Messer dicht am Strunk abschneiden.
- Das Öl in einer Pfanne erhitzen und die Zwiebeln darin leicht anbräunen. Die Lauchstreifen und die Maiskörner zu den Zwiebeln geben und 2-3 Minuten andünsten.
- Den Backofen auf 225° (Gas 3-4) vorheizen und eine flache oder hohe Auflaufform fetten.
- Die Kartoffelscheiben, die Zwiebel-Lauch-Maismischung und die Hälfte der Kräuter lagenweise in eine Auflaufform schichten. Die oberste Schicht soll aus Kartoffeln bestehen.
- Die saure Sahne, die Milch oder Sahne, das Ei und den Käse verrühren. Die Knoblauchzehe schälen und fein schneiden oder durch die Presse drücken. Mit den Gewürzen unter die Sahnemischung rühren. Die Sauce über die eingeschichteten Zutaten gießen. Die Butter in kleinen Stücken daraufsetzen.
- Den Auflauf auf der mittleren Schiene des Backofens 20-25 Minuten backen, bis sich die Oberfläche zu bräunen beginnt.
- Mit den restlichen Kräutern bestreut servieren.

Paßt gut zu: gebratenen Champignons, Tofu- oder Sojabratlingen

Ganz einfach · Preiswert · Vielseitig

Kartoffelgratin

Dieser Klassiker der Kartoffelgerichte, der eines meiner Lieblingsgerichte ist, darf hier natürlich nicht fehlen.

Zutaten für 4-6 Personen:
1 kg festkochende oder mehlig festkochende Kartoffeln · 200 g Sahne · 200 ccm Milch · Kräutersalz · 1 Prise weißer Pfeffer, frisch gemahlen · Muskatnuß, frisch gerieben · 1 Knoblauchzehe · 100 g Emmentaler oder Greyerzer, frisch gerieben · 20 g Butter
Für die Form: Butter
Zum Bestreuen: 1 Eßl. beliebige Kräuter, frisch gehackt
Bei 4 Portionen etwa 2200 kJ/520 kcal
15 g Eiweiß · 30 g Fett · 45 g Kohlenhydrate · 5 g Ballaststoffe pro Person

Kartoffeln, überbacken

Zubereitungszeit: etwa 20 Minuten
Backzeit: 40-50 Minuten

- Die Kartoffeln waschen, dünn schälen und in etwa 3-4 mm dünne Scheiben schneiden oder hobeln.
- Die Sahne mit der Milch verrühren und mit Salz, dem Pfeffer und Muskat würzen. Die Knoblauchzehe schälen, feinhacken oder durch die Presse drücken und unterrühren.
- Den Backofen auf 200° (Gas 2½-3) vorheizen und eine flache Auflaufform fetten.
- Die Kartoffeln dachziegelartig in 2-3 Schichten in die Form legen. Jede Schicht mit etwas Käse bestreuen und etwas Sahnemischung darübergießen. Den restlichen Käse mit der Sahnemischung verrühren, über die eingeschichteten Kartoffelscheiben gießen und die Butter in Stückchen daraufsetzen.
- Den Gratin auf der mittleren Schiene des Backofens 40-50 Minuten garen. Nach etwa 30 Minuten die Oberfläche der Form mit Pergamentpapier oder Alufolie abdecken, damit sich die Oberfläche nicht zu dunkel färbt. Den Gratin nach 40 Minuten mit einer Gabel einstechen und prüfen, ob die Kartoffeln schon gar sind.
- Den Auflauf mit den frisch gehackten Kräutern bestreut servieren.

Das paßt dazu: neben einem Salat als Vorspeise ein bunter Gemüsetopf. Als Beilage paßt dieser Gratin zu sehr vielen Gerichten.

Tip: Bei diesem Gericht habe ich die Kartoffeln nicht vorgegart, da der Gratin meines Erachtens am besten schmeckt, wenn die rohen Kartoffeln in die Form geschichtet werden.

Varianten: Ersetzen Sie einen Teil der Kartoffeln durch Gemüse wie Zucchini, Kohlrabi, blanchierte Wirsingstreifen oder Broccoliröschen.

Schnell · Preiswert

Kartoffelauflauf mit Rosenkohl und Nußsauce

Zutaten für 4 Personen:
600 g festkochende oder mehligfestkochende Kartoffeln · 600 g Rosenkohl · 1 Tasse Wasser · 1 Teel. Zitronensaft
Für die Sauce: 40 g Butter · 80 g Haselnüsse oder auch gemischte Nüsse, frisch gerieben · ¼ l Milch · Streuwürze · Kräutersalz · 50-60 g milder Hartkäse, frisch gerieben oder kleingeschnitten · 2-3 Eßl. Gomasio
Zum Bestreuen: 1 Eßl. Petersilie, frisch gehackt
Für die Form: Butter
Pro Portion etwa 2300 kJ/550 kcal
21 g Eiweiß · 33 g Fett · 42 g Kohlenhydrate · 14 g Ballaststoffe

Vorbereitungszeit: etwa 40 Minuten
Backzeit: 20-25 Minuten

- Die Kartoffeln waschen und mit der Schale in wenig Wasser nicht ganz weich garen. Danach abgießen und etwas auskühlen lassen.
- Inzwischen die Rosenkohlröschen putzen und die äußeren unschönen Blättchen abschneiden. Darauf achten, daß die Röschen ungefähr gleich groß sind. Ansonsten große Röschen einmal halbieren oder den Strunk etwa 1 cm tief kreuzweise einschneiden, damit der Rosenkohl gleichmäßig gart. Den Rosenkohl in dem Wasser und dem Zitronensaft in 3-7 Minuten (je nach Größe) nicht ganz weich garen.
- Inzwischen für die Sauce die Hälfte der Butter aufschäumen lassen und die geriebenen Nüsse darin kurz anrösten. Die Milch einrühren und die Sauce leicht einkochen lassen. Sollte sie zu fest geworden sein, mit etwas Gemüsekochwasser wieder verdünnen. Die Sauce mit

Streuwürze und Salz abschmecken. Den Käse einrühren und schmelzen lassen.
- Den Backofen auf 200° (Gas 2½–3) vorheizen und eine hohe Auflaufform fetten.
- Die Kartoffeln schälen, in Scheiben oder Stücke schneiden und abwechselnd mit den Rosenkohlröschen in die Auflaufform schichten. Die Nußsauce darübergießen, die restliche Butter in Stückchen daraufsetzen.
- Das Gomasio darüberstreuen und den Auflauf auf der mittleren Schiene 20–25 Minuten überbacken.
- Mit der Petersilie bestreut servieren.

Variante: Dieses Gericht können Sie auch mit Blumenkohl oder Broccoli zubereiten.

Ganz einfach · Schnell

Kartoffelauflauf mit Sauerkraut

Zutaten für 4 Personen:
1 kg mehlige oder mehligfestkochende Kartoffeln · 500 g Zwiebeln · 2–3 Eßl. Sonnenblumenöl oder Butter · 200 g Sahne · ½–1 Tasse Milch · Kräutersalz · 1 Prise Muskatnuß, frisch gerieben · 400 g frisches Sauerkraut · 20 g Butter · 1–2 Eßl. Sesamsamen oder Gomasio
Für die Form: Butter
Pro Portion etwa 2500 kJ/600 kcal
11 g Eiweiß · 37 g Fett · 58 g Kohlenhydrate · 10 g Ballaststoffe

Vorbereitungszeit: etwa 30 Minuten
Backzeit: 30–35 Minuten

- Die Kartoffeln gründlich waschen und mit der Schale in wenig Wasser garen. Danach abgießen und leicht auskühlen lassen.
- Inzwischen die Zwiebeln schälen, kurz abspülen, halbieren und in feine Streifen schneiden. Das Öl oder die Butter in einer Pfanne erhitzen und die Zwiebeln darin goldbraun braten.
- Die Kartoffeln schälen und mit einer Kartoffelpresse, einem Kartoffelstampfer oder einem elektrischen Mixstab zerdrücken.
- Die Sahne, die Milch und die Gewürze dazugeben und alles zu einem geschmeidigen Kartoffelbrei verrühren. Falls er zu fest sein sollte, noch etwas Milch hinzufügen.
- Den Backofen auf 220° (Gas 3–4) vorheizen und eine hohe Auflaufform fetten.
- Abwechselnd eine Schicht Kartoffelbrei, Sauerkraut und geröstete Zwiebeln einfüllen. 1 Eßlöffel Zwiebeln aufheben. Mit einer Schicht Kartoffelbrei abschließen. Die Butter in Stückchen daraufsetzen und mit dem Sesam oder Gomasio bestreuen.
- Die Form auf die mittlere Schiene in den Backofen stellen und den Auflauf 30–35 Minuten backen, bis die Oberfläche gebräunt ist.
- Den fertigen Auflauf mit den restlichen Röstzwiebeln bestreuen und servieren.

Variante: Zu der Kombination Kartoffeln, Sauerkraut und Zwiebeln passen auch gut Äpfel. Legen Sie etwa ½ cm breite Apfelschnitze unter die oberste Kartoffelbreischicht.

Für die Zubereitung von Aufläufen mit Getreidekörnern wie den Dinkel-Möhrenauflauf muß man etwas mehr Zeit einplanen. Das köstliche Ergebnis lohnt jedoch die kleine Mühe. Rezept Seite 58. ▷

Körner in saftiger Umgebung

Vollgetreideprodukte haben in der Vollwertküche eine große Bedeutung, da sie fast alle wichtigen Nähr- und Wirkstoffe enthalten, die man für eine gesunde Ernährung braucht. Die unscheinbaren kleinen Körner enthalten lebensnotwendige Eiweißstoffe, wichtige Vitamine, Mineralstoffe und reichlich Ballaststoffe. Obwohl die Getreideprodukte soviele wertvolle Stoffe enthalten, sind sie wesentlich preiswerter als die tierischen Eiweißlieferanten. Die Verwendung von Vollgetreideprodukten kann sich also auch günstig auf die Haushaltskasse auswirken! Die verschiedenen Getreidesorten bieten eine große Geschmackspalette an, die von der mild schmeckenden Hirse bis zum kräftigen Grünkern reicht. Gemischt mit Gemüse und Obst können die verschiedenen Getreidesorten völlig neue Geschmackserlebnisse vermitteln.
Damit die harten Körner möglichst schnell weich werden, sollte man sie vorher einweichen oder schroten. Genaue Angaben dazu finden Sie bei den Rezepten und im Vorspann.

◁ Für die Spargelnudeln mit Safransauce sollten Sie die Teigwaren möglichst selbst zubereiten. Dazu wird das Mehl mit dem Ei (bei einer größeren Menge 2 Eier) in eine Schüssel gegeben und mit etwas Wasser mit den Knethaken des Rührgerätes zu einem glatten Teig verarbeitet. Den Teig dann bei Zimmertemperatur ruhen lassen und anschließend dünn ausrollen. Die Platten etwas trocknen lassen, dann aufrollen und zu dünnen Nudeln schneiden. Die Teigstreifen etwas lockern. Rezept Seite 41.

Ganz einfach · Raffiniert

Haferklößchen auf Zwiebel-Apfelgemüse

Zutaten für 4–6 Personen:
1 kg Zwiebeln · 60 g Butter · ½ Tasse Weißwein oder Wasser · 1 gestrichener Teel. gekörnte Gemüsebrühe · 1 Teel. frischer oder ½ Teel. getrockneter Thymian · 200 g Nackthafer, grobgeschrotet · 1–1½ Eßl. Currypulver · ½ gestrichener Teel. Kurkuma, falls vorhanden · Kräutersalz · 1 Eßl. ungeschwefelte Rosinen · 500–600 ccm Wasser · 50 g Haselnüsse und/oder Mandeln, grobgehackt · 2 mittelgroße Äpfel (etwa 300 g)
Für die Form: Butter
Bei 4 Portionen etwa 2300 kJ/550 kcal
12 g Eiweiß · 26 g Fett · 67 g Kohlenhydrate · 9 g Ballaststoffe pro Person

Vorbereitungszeit: etwa 50 Minuten
Backzeit: etwa 15 Minuten

- Die Zwiebeln schälen, kurz abspülen und achteln.
- Ein Drittel der Butter in einem mittelgroßen Topf schmelzen lassen, die Zwiebelstücke hineingeben, den Wein oder das Wasser, die Gemüsebrühe und den Thymian einrühren und alles etwa 10 Minuten bei schwacher bis mittlerer Hitze zugedeckt schmoren lassen, bis die Zwiebeln glasig und fast ganz weich sind.
- Inzwischen 30 g Butter in einem kleinen Topf schmelzen lassen und den Haferschrot 1–2 Minuten darin anrösten. Die Gewürze und die Rosinen dazugeben. Das Wasser einrühren und alles in etwa 15 Minuten auf der ausgeschalteten Kochstelle zu einer festen Masse ausquellen lassen. 1 Eßlöffel der Nüsse unterrühren.
- Inzwischen die Äpfel waschen, vierteln, ent-

kernen und in Schnitze schneiden.

• Den Backofen auf 200° (Gas 2½–3) vorheizen und eine flache Auflaufform fetten.

• Die Hälfte der Zwiebelmasse in die Form geben. Aus der Hafermasse mit einem angefeuchteten Eßlöffel eigroße Portionen abstechen und diese reihenförmig auf die Zwiebeln legen. Die restliche Zwiebelmasse und die Apfelschnitze zwischen den Klößchen verteilen, die gehackten Nüsse darüberstreuen und die restliche Butter in kleinen Stückchen darauf verteilen.

• Den Gratin auf der mittleren Schiene des Backofens etwa 15 Minuten überbacken, bis die Äpfel weich sind.

Raffiniert · Kalt als Büromahlzeit geeignet

Champignonterrine

Zutaten für 4–6 Personen:
400 ccm Wasser · 2 Gemüsebrühwürfel · 1 Zwiebel · 1 Knoblauchzehe · 200 g Gerste, grobgeschrotet · 800 g Champignons · 60 g Butter · 1 Bund Petersilie, frisch gehackt · 150 g Möhren · 1 Stange Lauch/Porree (etwa 250 g) · 2–3 Eigelbe · Kräutersalz · Muskatnuß, frisch gerieben · 1 Prise schwarzer Pfeffer, frisch gemahlen · 50 g Emmentaler, frisch gerieben · 2–3 Eiweiße
Für die Form und zum Bestreuen: Butter · 2 Eßl. Sesamsamen oder Gomasio
Bei 4 Portionen etwa 2300 kJ/550 kcal
22 g Eiweiß · 27 g Fett · 54 g Kohlenhydrate · 19 g Ballaststoffe pro Person

Vorbereitungszeit: etwa 50 Minuten
Backzeit: 35–40 Minuten

• Das Wasser mit dem Gemüsebrühwürfel zum Kochen bringen. Die Zwiebel und die Knoblauchzehe schälen, halbieren, in kleine Würfel schneiden und in das Wasser geben.

• Den Gerstenschrot in die kochende Brühe schütten, die Hitze zurückschalten und den Schrot zugedeckt bei schwacher Hitze 15–20 Minuten quellen lassen.

• Inzwischen die Champignons unter fließendem Wasser abreiben, wenn nötig, unschöne Stellen abschneiden, und die Pilze in etwa ½ cm kleine Stückchen schneiden.

• Die Butter bis auf einen kleinen Rest erhitzen und die Pilze darin bei anfangs starker Hitze in etwa 5 Minuten anbräunen. Eventuell austretende Flüssigkeit abgießen. Beiseite stellen und die Petersilie untermischen.

• Die Möhren waschen, bürsten oder dünn schälen, in ½ cm kleine Würfel schneiden und in wenig Wasser 6–7 Minuten vordünsten.

• Den Lauch putzen, die ledrigen Blattenden und die Wurzeln abschneiden und ihn längs durchschneiden. Die einzelnen Blätter unter Aufklappen unter fließendem Wasser waschen. Die Lauchstange noch einmal längs durchschneiden und anschließend in ½ cm breite Streifen schneiden. Die Lauchstreifen zu den vorgegarten Möhren geben und 1 Minute mitdünsten lassen, dann beiseite stellen.

• Den Backofen auf 200° (Gas 2½–3) vorheizen. Eine hohe Auflauf- oder Kastenform gründlich fetten und mit 1 Eßlöffel Sesamsamen oder Gomasio ausstreuen.

• Die vorgegarten Champignonwürfel und die Eigelbe unter die Gerstenmasse rühren, die Gewürze und den Käse dazugeben und die Masse abschmecken. Die Eiweiße mit 1 Prise Salz steif schlagen und vorsichtig unterheben.

• Die Masse in die Form füllen. Den restlichen Sesam oder das Gomasio darüberstreuen, und die übrige Butter in Stückchen daraufsetzen.

• Die Form mit Deckel (oder mit Alufolie bedeckt) auf die mittlere Schiene in den Backofen stellen und die Terrine 30–35 Minuten backen, bis die Masse fest geworden ist. Den Deckel abnehmen und die Terrine noch etwa 5 Minuten backen lassen.

Tip: Diese Terrine schmeckt kalt oder warm. Wenn Sie sie stürzen und kalt essen möchten, sollten Sie die Form mit Pergamentpapier auslegen. Die Terrine paßt auch sehr gut auf ein kaltes Buffet. Sie wirkt noch dekorativer, wenn man das Gemüse nicht kleinschneidet, sondern in etwa 10 cm lange Streifen. Diese legt man dann schichtweise in einer Richtung in die Pastete ein. Wichtig ist dabei, daß das Gemüse nicht zu dicht nebeneinandergelegt wird, damit die Pastete nicht auseinanderfällt.

Kalt als Büromahlzeit geeignet

Grünkernbraten mit Blumenkohl

Zutaten für 4–6 Personen:
1 kleiner Kopf Blumenkohl (etwa 600 g) · Kräutersalz · 1 große Zwiebel · 1 große Möhre · ½ Sellerieknolle · 1 mittelgroße Stange Lauch/Porree · 50 g Butter · 250 g Grünkern, mittelgrob geschrotet · 600–700 ccm Gemüsebrühe · 1–2 Teel. Zitronensaft · 100 g Mandeln, frisch gerieben · 3 Eier · 150 g Gouda oder Emmentaler, frisch gerieben · etwa 50 g Weizen, feingemahlen · ½ Teel. getrockneter Thymian · Pfeffer, frisch gemahlen · Muskatnuß, frisch gerieben
Für die Form: Butter
Zum Bestreuen: 1 Eßl. beliebige Kräuter, frisch gehackt
Bei 4 Portionen etwa 3400 kJ/810 kcal
34 g Eiweiß · 43 g Fett · 72 g Kohlenhydrate · 18 g Ballaststoffe pro Person

Vorbereitungszeit: etwa 1 Stunde
Backzeit: 35–40 Minuten

- Den Blumenkohl von den äußeren Blättern befreien und mit dem Strunk nach oben etwa 30 Minuten in Salz- oder Biosmonwasser legen.
- Inzwischen die Zwiebel schälen, abspülen, halbieren und würfeln. Die Möhre waschen, bürsten oder dünn schälen, längs halbieren und in etwa ½ cm kleine Würfel schneiden. Die Sellerieknolle schälen und fein reiben oder sehr fein hacken. Von dem Lauch die ledrigen Blattenden und die Wurzeln abschneiden und ihn längs halbieren, die einzelnen Blätter unter Aufklappen waschen und quer in etwa ½ cm breite Streifen schneiden.

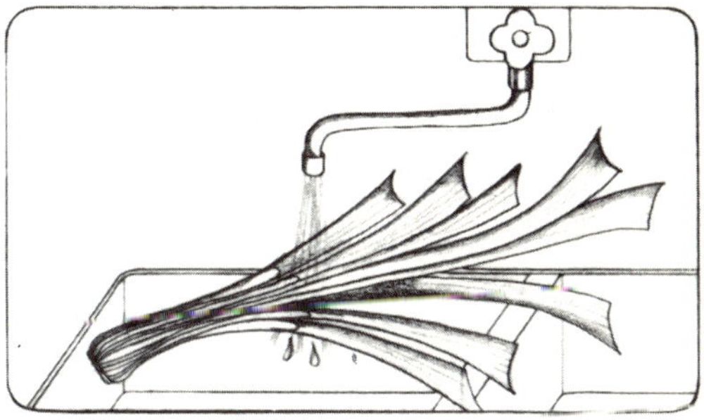

Lauch muß besonders gründlich unter fließendem Wasser gewaschen werden. Dabei die Blätter der aufgeschlitzten Stangen auseinanderbiegen.

- Die Butter in einem flachen Topf erhitzen und den Grünkernschrot darin bei mittlerer Hitze 3–4 Minuten anrösten, bis es würzig duftet.
- Das kleingeschnittene Gemüse dazugeben. Etwa 600 ccm Gemüsebrühe dazugießen und den Grünkern zugedeckt bei schwacher Hitze in 15–20 Minuten ausquellen lassen, dabei ab und zu umrühren. Die restliche Gemüsebrühe nur einrühren, wenn die Masse sehr fest ist. Den Grünkern offen leicht abkühlen lassen.

• In einem mittelgroßen Topf etwa ½ l Wasser zum Kochen bringen, 1 Teelöffel Salz und den Zitronensaft dazugeben. Den Blumenkohl nochmals abspülen und in kleine Röschen zerteilen. Diese in das kochende Wasser geben und zugedeckt in 5-8 Minuten nicht ganz weich garen. Die Röschen dann herausheben und in einem Sieb abtropfen lassen.
• Die Mandeln, die Eier, den Käse bis auf 1-2 Eßlöffel und so viel Weizenmehl zu der Grünkernmasse geben, daß ein geschmeidiger, jedoch nicht zu weicher Teig entsteht. Mit Kräutersalz, dem Thymian, Pfeffer und Muskatnuß würzen. Die Masse soll kräftig schmecken. Noch einmal 5 Minuten quellen lassen.
• Den Backofen auf 200° (Gas 2½-3) vorheizen. Eine hohe Auflaufform fetten.
• Abwechselnd die Grünkernmasse und die Blumenkohlröschen in die Form schichten. Mit einer Schicht Grünkernmasse abschließen und alles mit einem Löffel gut festdrücken beziehungsweise glattstreichen.
• Die Form auf die mittlere Schiene des Backofens stellen und den Braten 30-35 Minuten backen. Den restlichen Käse darüberstreuen und nochmal 5 Minuten überbacken, bis der Käse geschmolzen ist.
• Mit den Kräutern bestreut servieren.

Tip: Die Grünkernmasse können Sie auch sehr gut als Füllung für Gemüse verwenden. Da dieses Gericht auch kalt sehr gut schmeckt und sich in Scheiben aufschneiden läßt, paßt es auf ein kaltes Buffet. Wenn Sie den Auflauf auf eine Platte stürzen möchten, lassen Sie ihn vorher in der Form mindestens 5 Minuten auskühlen.

Ganz einfach · Braucht etwas Zeit

Dinkel-Möhrenauflauf

Bild Seite 53

Zutaten für 4 Personen:
200 g Dinkel · 400 ccm Wasser · Kräutersalz · 750 g Möhren · 200 g Crème fraîche oder 20%ige saure Sahne · 1 gestrichener Teel. Streuwürze · weißer Pfeffer, frisch gemahlen · 2 Eigelbe · 3 Eßl. Petersilie, frisch gehackt · 2 Eiweiße · 1-2 Eßl. Sesamsamen oder Sonnenblumenkerne · 20 g Butter
Für die Form: Butter
Zum Bestreuen: 1 Eßl. Petersilie, frisch gehackt
Pro Portion etwa 1900 kJ/450 kcal
14 g Eiweiß · 21 g Fett · 50 g Kohlenhydrate · 19 g Ballaststoffe

Quellzeit: 3 Stunden oder über Nacht
Vorbereitungszeit: etwa 50 Minuten
Backzeit: 25-30 Minuten

• Den Dinkel in dem Wasser mindestens 3 Stunden oder über Nacht einweichen.
• Dann in dem Einweichwasser mit ½ Teelöffel Salz bei schwacher Hitze in einem dichtschließenden Topf zugedeckt in 30-40 Minuten weich kochen.
• In der Zwischenzeit die Möhren gründlich waschen, abbürsten oder dünn schälen. Dicke Möhren längs durchschneiden und in wenig Wasser halbweich garen. Die Möhren mit dem elektrischen Zerkleinerungsgerät oder dem Mixstab fein zerkleinern oder mit einer Gabel zerdrücken und mit den Dinkelkörnern mischen.
• Den Backofen auf 200° (Gas 2½-3) vorheizen und eine flache oder hohe Auflaufform fetten.
• Die Crème fraîche oder saure Sahne mit Salz, der Streuwürze und Pfeffer, den Eigelben und

der Petersilie verrühren und mit der Dinkel-Möhren-Mischung verrühren.
- Die Eiweiße mit 1 Prise Salz steif schlagen und mit einem Schneebesen vorsichtig unterheben. Die Masse sofort in die vorbereitete Form füllen. Die Sesamsamen oder Sonnenblumenkerne darüberstreuen und die Butter in Stückchen auf der Masse verteilen.
- Den Auflauf auf der mittleren Schiene im vorgeheizten Backofen 25–30 Minuten backen.
- Mit der Petersilie bestreut servieren.

Variante: In dieses mild schmeckende Gericht können Sie auch noch etwa 50 g grobgehackte Haselnuß- oder Sonnenblumenkerne mischen, die Sie vorher kurz ohne Fett in einer Pfanne angeröstet haben.

Schnell · Ganz einfach

Hirse-Buchweizenauflauf mit Gemüse

Hirse und Buchweizen gehören zu den »schnellen« Körnern, da sie ohne Einweichzeit in knapp 30 Minuten gegart sind. Die Kombination der sehr mild schmeckenden Hirse mit dem aromatischen Buchweizen stellt eine interessante Geschmacksvariante dar.

Zutaten für 4–6 Personen:
100 g Hirse · 100 g Buchweizen · 1 große Zwiebel · 2 mittelgroße Möhren · 1 Kohlrabi · 40 g Butter · 400 ccm Wasser · 1 Lorbeerblatt · 1 gestrichener Teel. gekörnte Gemüsebrühe · Kräutersalz · 100 g frische ausgepalte Erbsen · 1 Bund Petersilie oder Schnittlauch, frisch kleingeschnitten · 200 g saure Sahne · 1 Ei · Muskatnuß, frisch gerieben · ½ Teel. Currypulver · 50 g Hartkäse, frisch gerieben oder in Stücke geschnitten
Für die Form: Butter
Bei 4 Portionen etwa 2000 kJ/480 kcal
17 g Eiweiß · 21 g Fett · 53 g Kohlenhydrate · 10 g Ballaststoffe pro Person

Vorbereitungszeit: etwa 25 Minuten
Backzeit: 15–20 Minuten

- Hirse und Buchweizen in einem Sieb kalt abspülen und abtropfen lassen.
- Die Zwiebel schälen, abspülen, halbieren und in kleine Würfel schneiden. Die Möhren waschen, abbürsten oder dünn schälen und feinwürfeln. Den Kohlrabi schälen, halbieren und in etwa 1 cm große Würfel schneiden.
- 30 g der Butter erhitzen und die Zwiebelwürfel darin bei mittlerer Hitze anbräunen.
- Die Körner zu den Zwiebeln geben und 1–2 Minuten anrösten. Das Wasser, das Lorbeerblatt, die gekörnte Brühe, Kräutersalz, die Möhren und den Kohlrabi hinzufügen und bei schwacher Hitze zugedeckt etwa 10 Minuten dünsten. Dann vom Herd nehmen, die Erbsen hinzufügen und alles 10 Minuten nachquellen lassen. Zwei Drittel der Kräuter unterrühren.
- Inzwischen für den Guß die saure Sahne, das Ei, Muskatnuß und das Currypulver verrühren.
- Den Backofen auf 220° (Gas 3–4) vorheizen. Eine flache Auflaufform fetten.
- Die Körner-Gemüsemasse abwechselnd mit dem Käse in die Form schichten. Den Guß darübergießen und die restliche Butter in Stückchen daraufsetzen.
- Den Auflauf auf der mittleren Schiene des Backofens 15–20 Minuten überbacken.
- Mit den restlichen Kräutern bestreut servieren.

Varianten: Probieren Sie dieses Gericht auch mal nur mit Buchweizen oder nur mit Hirse. Als

Gemüseeinlage eignen sich auch gut Blumenkohl oder Rosenkohl alleine oder in Kombination mit Möhren oder Erbsen.

Tip: Diesen Auflauf können Sie wie alle anderen Aufläufe, die eine kurze Garzeit von etwa 15 Minuten haben, auch in einer Pfanne zubereiten. Füllen Sie die Zutaten wie angegeben in die Pfanne, gießen Sie den Guß darüber, legen Sie den Deckel auf und »backen« Sie den Auflauf bei schwacher Hitze, bis der Käse verlaufen beziehungsweise die Sauce gestockt ist. Bei dieser Garart wird die Oberfläche nicht knusprig.

Ganz einfach · Raffiniert

Buchweizen-Spinatauflauf mit Cashewkernen

Zutaten für 4–6 Personen:
400 g Blattspinat oder Mangoldblätter ·
1 große Stange Lauch/Porree (etwa 400 g) ·
100 g Cashewkerne · 40 g Butter ·
100 g Buchweizen · 50 g Weizen, feingemahlen · ¼ l Milch · 1 gestrichener Teel. gekörnte Gemüsebrühe · Kräutersalz ·
Streuwürze · Muskatnuß, frisch gerieben ·
2 Eier · 1–2 Teel. Hefeflocken
Für die Form: Butter
Bei 4 Portionen etwa 2100 kJ/500 kcal
19 g Eiweiß · 27 g Fett · 46 g Kohlenhydrate · 16 g Ballaststoffe pro Person

Vorbereitungszeit: etwa 40 Minuten
Backzeit: 30–35 Minuten

• Den Spinat beziehungsweise die Mangoldblätter waschen, verlesen und in etwa 1 cm breite Streifen schneiden. Von dem Lauch die dunkelgrünen Blattspitzen und die Wurzeln abschneiden. Den Lauch längs durchschneiden. Die einzelnen Hälften unter Aufklappen der Blätter unter fließendem Wasser gründlich waschen und in 3–5 mm dünne Streifen schneiden.
• Die Cashewkerne grobhacken und in einem mittelgroßen Topf in wenig Butter goldbraun rösten. Dann auf einen Teller geben.
• Die restliche Butter in den Topf geben und aufschäumen lassen. Die Buchweizenkörner dazugeben und bei mittlerer Hitze unter Rühren 2–3 Minuten anrösten. Dann das Weizenmehl dazugeben und kurz anschwitzen. Den Topf vom Herd nehmen, die Milch, die Gemüsebrühe, Salz, Streuwürze und Muskat hineinrühren. Den Topf wieder auf die Kochstelle zurückstellen und den Buchweizen und den Weizen bei schwacher Hitze zugedeckt etwa 15 Minuten quellen lassen. Dabei 1- bis 2mal umrühren, damit die Sauce nicht anbrennt.
• Den Spinat oder Mangold und die Lauchstreifen dazugeben und 3–5 Minuten mitgaren.
• Inzwischen den Backofen auf 200° (Gas 2½–3) vorheizen und eine hohe oder halbhohe Auflaufform fetten.
• Den Topf von der Kochstelle ziehen, den Deckel abnehmen und die Masse etwas abkühlen lassen. Eventuell abschmecken. Die Eier mit einer Gabel verquirlen. Drei Viertel der Cashewkerne, die Hefeflocken und die Eier in die Getreide-Gemüsemasse einrühren und alles in die Form füllen.
• Den Auflauf auf der mittleren Schiene des Backofens 30–35 Minuten backen, bis die Masse fest geworden ist.
• Mit den restlichen Cashewkernen bestreut servieren.

Tip: Zu diesem Auflauf paßt auch sehr gut etwas frisch geriebener Hartkäse, der zuletzt unter die Masse gerührt werden kann. Anstelle des Lauchs kann man auch Frühlingszwiebeln nehmen. Falls Sie Mangold verwenden, so können Sie mit den abgeschnittenen Stielen einen anderen Gratin herstellen (siehe »Überbackenes Gemüse«, Rezept Seite 63).

Gerste am Tag zuvor gekocht

Gerstenbraten mit Gemüse

Zutaten für 4–6 Personen:
1 gestrichener Teel. gekörnte Gemüsebrühe · ½ Tasse heißes Wasser · 1 Lorbeerblatt, fein zerrieben · Kräutersalz · ¼ Teel. Currypulver · ½ Teel. Koriander, frisch gemahlen · ½ Teel. getrockneter Thymian oder Basilikum · 500 g gekochte Gerstenkörner (etwa 200 g ungekocht) · 400–500 g Gemüse einzeln oder gemischt, zum Beispiel Lauch/Porree, Wirsing, Broccoli, Rosenkohl, Möhren, Sellerie, Tomaten, Zucchini oder Pilze · 40 g Butter · 100 g Hartkäse, frisch gerieben oder gewürfelt · 1 Bund Petersilie, frisch gehackt · 125 g Sahne · 1–2 Eier · 1–2 Teel. Sojasauce
Bei 4 Portionen etwa 2200 kJ/520 kcal
19 g Eiweiß · 29 g Fett · 44 g Kohlenhydrate · 10 g Ballaststoffe pro Person

Vorbereitungszeit: etwa 30 Minuten
Backzeit: etwa 40 Minuten

- Die Gemüsebrühe in dem Wasser auflösen. Das zerriebene Lorbeerblatt, Kräutersalz, den Curry, den Koriander und den Thymian oder das Basilikum mit der Gemüsebrühe und den gekochten Gerstenkörnern verrühren.
- Das Gemüse waschen, putzen und kleinschneiden. Harte Gemüsesorten in etwas Butter und wenig Wasser vordünsten.
- Den Backofen auf 200° (Gas 2½–3) vorheizen. Eine flache Auflaufform fetten.
- Das Gemüse zu der Gerstenmasse geben. Den Käse und zwei Drittel der Petersilie unterrühren. Die Sahne mit den Eiern und der Sojasauce verquirlen, in die Gerstenmasse einrühren und in die Form füllen. Die restliche Butter in Stückchen daraufsetzen. Die Form mit einem Deckel oder einem Stück Alufolie abdecken.
- Den Gerstenbraten auf der mittleren Schiene des Backofens etwa 30 Minuten backen. Den Braten offen noch etwa 10 Minuten backen.
- Mit der restlichen Petersilie bestreuen.

Ganz einfach · Preiswert

Polentagratin mit bunter Gemüsefüllung

Bild Umschlag-Vorderseite

Zutaten für 4 Personen:
1 l Wasser · 1 gestrichener Teel. gekörnte Gemüsebrühe · Kräutersalz · 250 g Mais, fein oder mittelgrob geschrotet, ersatzweise Maisgrieß · 200 g Möhren · 200 g frische ausgepalte oder tiefgefrorene Erbsen · 1 Eßl. Sojasauce · 2–3 Eßl. Gomasio · 150 g Knollensellerie · 50–100 g Parmesan, frisch gerieben · 1 Ei · 1 Bund Petersilie, frisch gehackt · 40 g Butter · 100 g Sahne
Für die Form: Butter
Pro Portion etwa 2300 kJ/550 kcal
17 g Eiweiß · 25 g Fett · 65 g Kohlenhydrate · 8 g Ballaststoffe

Vorbereitungszeit: etwa 40 Minuten
Backzeit: 25–30 Minuten

- Das Wasser mit der Gemüsebrühe und Salz zum Kochen bringen. Den Maisgrieß unterrühren. Die Hitze reduzieren und den Mais unter gelegentlichem Rühren bei schwacher Hitze zugedeckt in etwa 20 Minuten ausquellen lassen.

- Inzwischen die Möhren waschen, bürsten oder dünn abschälen und in ½ cm große Würfel schneiden. In einem kleinen Topf die Möhrenwürfel mit etwa ½ Tasse Wasser in etwa 5 Minuten nicht ganz weich garen, dann die Erbsen dazugeben und noch 2-3 Minuten mitdünsten lassen. Mit der Sojasauce und der Hälfte des Gomasios würzen.
- Den Backofen auf 180° (Gas 2-2½) vorheizen und eine flache Auflaufform fetten.
- Den Sellerie gründlich schälen, waschen, feinreiben und mit dem Käse, dem Ei, der Hälfte der Petersilie und der Hälfte der Butter unter den Maisbrei rühren.
- Abwechselnd einen Teil der Maismasse und des Gemüses lagenweise in die Form schichten. Mit einer Maisschicht enden. Die Sahne gleichmäßig darübergießen und die Masse mit einem Löffel fest in die Form drücken. Mit dem restlichen Gomasio bestreuen und die übrige Butter in Stückchen darauf verteilen.
- Den Gratin auf der mittleren Schiene 25-30 Minuten backen.
- Mit der restlichen Petersilie bestreuen.

Reis am Tag zuvor gekocht · Ganz einfach

Reisauflauf serbische Art

Zutaten für 4-6 Personen:
1 große Zwiebel · 1-2 Knoblauchzehen · 1 rote Paprikaschote · 1 grüne Paprikaschote · 250 g Champignons · 3 Eßl. Olivenöl · 500 g gegarter Langkorn-Naturreis (200 g ungegart) · Kräutersalz · 1 Teel. getrockneter oder 2 Teel. frischer Thymian · 500 g Tomaten · 200 g Crème fraîche oder 20%ige saure Sahne · 1 gestrichener Teel. gekörnte Gemüsebrühe · 1 gestrichener Teel. Paprikapulver edelsüß · 50 g milder Käse wie zum Beispiel Gouda oder Mozzarella, in dünne Scheiben geschnitten
Für die Form: Butter

Bei 4 Portionen etwa 1800 kJ/430 kcal
13 g Eiweiß · 31 g Fett · 42 g Kohlenhydrate · 5 g Ballaststoffe pro Person

Vorbereitungszeit: etwa 40 Minuten
Backzeit: 20-25 Minuten

- Die Zwiebel schälen, kurz abspülen, halbieren und in Streifen schneiden. Die Knoblauchzehen schälen und feinschneiden. Die Paprikaschoten waschen, halbieren, putzen und die Schoten in etwa ½ cm breite Streifen schneiden. Die Pilze unter fließendem Wasser abreiben und die Pilze in ½ cm dünne Scheiben schneiden.
- In einer Pfanne die Hälfte des Olivenöls erhitzen und die Zwiebeln darin leicht bräunen. Die Knoblauchzehen und die Paprikaschoten dazugeben. Die Paprika in etwa 3 Minuten halbweich dünsten lassen und zu dem Reis geben.
- Das restliche Olivenöl in der Pfanne erhitzen, die Pilze darin bei starker Hitze 4-5 Minuten anbräunen, dann ebenfalls zu dem Reis geben.
- Die Reis-Gemüsemasse mit Kräutersalz und dem Thymian würzen. Die Tomaten waschen, halbieren und in Scheiben schneiden; dabei den Strunkansatz keilförmig ausschneiden.
- Den Backofen auf 220° (Gas 3-4) vorheizen und eine flache Auflaufform fetten.
- Die Crème fraîche oder die saure Sahne mit der gekörnten Gemüsebrühe, dem Paprikapulver und so viel Wasser verrühren, bis die Sauce dickflüssig wird.
- Die Reis-Gemüsemasse abwechselnd mit den Tomatenscheiben, der Sahnesauce und dem Käse in die Form schichten. Die letzte Schicht soll mit Käse belegt werden.
- Den Auflauf auf der mittleren Schiene des Backofens in 20-25 Minuten backen.

Gemüse, bunt gemischt

Gemüse hat immer Saison! Jede Jahreszeit präsentiert ihre typischen Gemüsesorten, die dann auch am besten schmecken. Die verschiedenen Gemüsearten bieten viele Kombinationsmöglichkeiten und sind gut zum Überbacken geeignet. Ich stelle Ihnen in diesem Kapitel verschiedene Möglichkeiten vor, wie Sie Gemüse überbacken können und mache Vorschläge zur Abwandlung der Rezepte, so daß Sie nahezu für jede Gemüseart eine Zubereitungsart finden werden. In der folgenden Rezeptauswahl finden Sie sowohl reine Gemüsegratins als auch Gemüse mit Getreideprodukten kombiniert, da sich das Eiweiß im Gemüse und das Getreideeiweiß hervorragend ergänzen.

Ganz einfach · Schnell

Überbackenes Gemüse mit Sahne oder Käse

Dieses Rezept ist ein einfaches Grundrezept, mit dem Sie nahezu alle Gemüsesorten gratinieren können. Das Gericht kann eine Beilage oder ein sättigendes Hauptgericht sein.

Zutaten für 4-6 Personen:
1-1,5 kg Gemüse je nach Jahreszeit, einzeln oder gemischt, wie zum Beispiel Zucchini, Mangoldstiele, Kohlrabi, Chinakohl, Schwarzwurzeln, Broccoli, Rosenkohl, Lauch/Porree, Zwiebeln, Kartoffeln, gelbe, rote oder weiße Rüben
Für die Sauce: 40 g Butter · 40 g Weizen, feingemahlen · 400-500 ccm Milch und/oder restliches Gemüsekochwasser · 1 gestrichener Teel. gekörnte Gemüsebrühe · Kräutersalz · Muskatnuß, frisch gerieben · 200 g Sahne und/oder 50-100 g Hart- oder Weichkäse, frisch gerieben oder kleingewürfelt
Zum Bestreuen: 1-2 Eßl. beliebige Kräuter, frisch gehackt oder Sprossen
Bei 4 Portionen etwa 2000 kJ/480 kcal
16 g Eiweiß · 32 g Fett · 30 g Kohlenhydrate · 11 g Ballaststoffe pro Person

Vorbereitungszeit: etwa 25 Minuten
Backzeit: 25-30 Minuten

- Das Gemüse waschen, je nach Art putzen, schälen und in etwa ½ cm dünne Stifte oder Scheiben (Zucchini, Möhren, Kohlrabi, Kartoffeln), in 2-3 cm lange Stücke (Mangoldstiele, Schwarzwurzeln) oder in ½ cm breite Streifen schneiden (Lauch, Zwiebeln, Kraut).
- In einem dicht schließenden Topf das zerkleinerte Gemüse mit etwa 1 Tasse Wasser (je nach dem Wassergehalt der einzelnen Sorten) bei mittlerer Hitze nicht ganz weich garen. Harte Gemüsesorten wie Kartoffeln und Kohlrabi etwa 8 Minuten, weiche Sorten wie Lauch oder Zwiebeln 3-4 Minuten garen.
- Den Backofen auf 200° (Gas 2½-3) vorheizen und eine hohe oder flache Auflaufform bereitstellen.
- Inzwischen für die Sauce die Butter in einem Topf aufschäumen lassen. Das Mehl dazugeben und unter Rühren bei schwacher Hitze 1-2 Minuten leicht ausschwitzen. Den Topf vom Herd nehmen, die Milch und/oder das Gemüse-Kochwasser angießen. Den Topf auf die Kochstelle zurückstellen und die Sauce unter Rühren 2-3 Minuten kochen lassen, bis sie dickflüssig wird. Etwas abkühlen lassen. Die Gemüsebrühe, die Gewürze und die Sahne und/oder den Käse einrühren und die Sauce abschmecken. (Die Sauce soll intensiv schmecken, da sie das Gemüse würzen soll.) Bei Zugabe von Sahne noch etwas einkochen lassen.
- Das vorgegarte Gemüse in die Form geben und die Sauce darübergießen.
- Das Gemüse auf der mittleren Schiene im

Backofen in 25–30 Minuten überbacken, bis sich die Oberfläche goldbraun färbt.
• Mit den Kräutern oder Sprossen bestreut servieren.

Das paßt dazu: Gekochtes Getreide oder Kartoffeln

Variante: Gemüse mit Safransauce
Diese zwar etwas teure, aber sehr edle Abänderung des Grundrezeptes erreichen Sie, indem Sie den Käse weglassen und dafür ½–1 Portion (Kapsel oder Briefchen) Safranpulver und eventuell noch etwas Butter in die Sauce einrühren.

Tip: Zum Überstreuen eignen sich auch sehr gut Sesamsamen oder Sonnenblumenkerne.

Reis am Tag zuvor gekocht · Raffiniert

Wirsinggratin mit Champignons und Safranreis

Dieses Gericht ist unser Wirsing-Lieblingsrezept. Gerade die Kombination dieses schlichten und doch so feinen Gemüses mit dem würzigen Salbei ergibt eine interessante Geschmacksnote.

Zutaten für 4–5 Personen:
1 mittelgroßer Kopf Wirsing (etwa 700 g) · 500 g Champignons · 10 frische kleine Salbeiblättchen · 100 g Butter · Kräutersalz · 1 Kapsel oder 1 Briefchen Safranpulver · 500 g gegarter Langkorn-Naturreis (200 g ungekocht) · 100 g Sahne · 50 g Greyerzer oder Emmentaler, frisch gerieben
Zum Bestreuen: 2 frische Salbeiblättchen, feingehackt

Bei 4 Portionen etwa 1900 kJ/450 kcal
16 g Eiweiß · 34 g Fett · 40 g Kohlenhydrate · 10 Ballaststoffe pro Person

Vorbereitungszeit: etwa 30 Minuten
Backzeit: 5–10 Minuten

• Von dem Wirsing die äußeren Blätter ablösen. Den Wirsingkopf waschen und achteln, ohne dabei den Strunk herauszuschneiden. Die Pilze unter fließendem Wasser abreiben, wenn nötig putzen, und in ½ cm dicke Scheiben schneiden. Die Salbeiblättchen waschen.
• Die Hälfte der Butter in einem breiten Topf oder in einer großen Pfanne aufschäumen lassen. Die Salbeiblättchen und die Wirsingachtel in die Butter legen und leicht salzen. Etwa ½ Tasse Wasser dazugeben und den Wirsing zugedeckt bei mittlerer Hitze 7–8 Minuten dünsten lassen.
• Inzwischen die Hälfte der restlichen Butter aufschäumen lassen und die Pilze darin bei anfangs starker Hitze in etwa 5 Minuten leicht anbräunen, dann leicht salzen und auf einen Teller legen.
• Jetzt die Wirsingachtel wenden, wenn nötig, noch etwas Wasser dazugeben, und weitere 5–7 Minuten dünsten lassen. Darauf achten, daß etwas Flüssigkeit übrigbleibt. Wenn nicht, noch wenig Wasser aufgießen.
• Den Backofen auf 200° (Gas 2½–3) vorheizen und eine flache Auflaufform bereitstellen.
• In einer zweiten Pfanne die restliche Butter schmelzen lassen, das Safranpulver und etwas Kräutersalz einrühren und den Reis so lange darin wenden, bis er eine gleichmäßige gelbe Farbe angenommen hat.
• Den Reis auf dem Boden der Auflaufform verteilen. Die Wirsingachtel mit etwas Abstand darauflegen und die Pilze dazwischen verteilen.
• Die noch im Topf befindliche Salbeibutter mit der Sahne und dem Käse verrühren und mit ei-

nem Löffel gleichmäßig auf die Wirsingstücke träufeln.
- Den Gratin auf der mittleren oder oberen Schiene des Backofens 5–10 Minuten überbacken.
- Mit dem Salbei bestreut servieren.

Ganz einfach · Preiswert

Zucchini-Kartoffel-Tomatengratin

Zutaten für 4 Personen:
600 g mehligfestkochende Kartoffeln ·
600 g Zucchini · 300 g Tomaten
Für die Sauce: 2–3 Eier · 100 g saure Sahne ·
100 g süße Sahne · 200 g Emmentaler, frisch gerieben · Kräutersalz · Streuwürze · ¼ Teel. Currypulver · 2 Knoblauchzehen · 1 Eßl. frischer oder ½ Teel. getrockneter Thymian
Für die Form: Butter
Zum Bestreuen: ½ Eßl. frischer Thymian
Pro Portion etwa 2300 kJ/550 kcal
26 g Eiweiß · 30 g Fett · 38 g Kohlenhydrate · 5 g Ballaststoffe

Vorbereitungszeit: etwa 40 Minuten
Backzeit: etwa 35 Minuten

- Die Kartoffeln in der Schale in wenig Wasser halbweich garen. Danach abschütten und etwas auskühlen lassen.
- Inzwischen die Zucchini waschen, von Stiel- und Blütenansatz befreien und in ½ cm dicke Scheiben schneiden. Die Tomaten waschen und ebenfalls in etwa ½ cm dicke Scheiben schneiden; dabei den Strunkansatz herausschneiden.
- Den Backofen auf 200° (Gas 2½–3) vorheizen. Eine flache runde (∅ etwa 26 cm) oder eckige Auflaufform fetten.
- Die Kartoffeln schälen und in ½ cm dünne Scheiben schneiden.
- Für die Sauce die Eier mit der sauren und süßen Sahne verquirlen. Die Hälfte des Käses einrühren und die Sauce mit Salz, Streuwürze und dem Curry würzen. Die Knoblauchzehen schälen, fein zerdrücken oder durch die Presse drücken und dazugeben. Den frischen Thymian waschen, trockenschütteln, die Blättchen abstreifen und in die Sauce einrühren.
- Die Zucchini- und Kartoffelscheiben schuppenartig in die Form legen. Die Sauce darübergießen.
- Die Form auf die mittlere Schiene des Backofens stellen und den Gratin 25 Minuten überbacken. Die Form herausnehmen und auf eine Unterlage stellen. Die Tomatenscheiben auf dem Gratin verteilen, den restlichen Käse darüberstreuen und alles nochmals 5 Minuten backen lassen, bis der Käse zerlaufen ist.
- Mit dem Thymian bestreut servieren.

Raffiniert · Reis am Tag zuvor gekocht

Curryauflauf mit Gemüse und Cashewkernen

Zutaten für 4 Personen:
2 Kohlrabi (etwa 500 g) · 250 g Zuckerschoten, ersatzweise frische ausgepalte grüne Erbsen ·
500 g gegarter Langkorn-Naturreis (200 g ungegart · 100 g Cashewkerne · 1 Eßl. Öl ·
2 mittelgroße Bananen · 2–3 Eßl. Gomasio
Für die Sauce: 1 mittelgroße Zwiebel ·
40 g Butter · 30 g Weizen, feingemahlen ·
½ l Milch · 2 gestrichene Eßl. Currypulver ·
1 gestrichener Teel. gekörnte Gemüsebrühe ·
Kräutersalz · Streuwürze · 100 g saure Sahne ·
4–5 Eßl. Weißwein oder Wasser
Für die Form: Butter

Pro Portion etwa 2800 kJ/670 kcal
23 g Eiweiß · 38 g Fett · 76 g Kohlenhydrate · 13 g Ballaststoffe

Vorbereitungszeit: etwa 30 Minuten
Backzeit: 25–30 Minuten

• Von den Kohlrabi die Blätter abschneiden. Die zarten Herzblättchen beiseite legen. Die Knollen mit einem Küchenmesser dünn schälen und in etwa ½ cm breite Streifen schneiden. Mit etwa ½ Tasse Wasser in einem dicht schließenden Topf in etwa 8 Minuten nicht ganz weich garen.
• Inzwischen die Zuckerschoten waschen und in Stücke schneiden. Die Schoten oder die Erbsen zu den Kohlrabi geben und 1–2 Minuten mitgaren lassen. Den Topf auf die Seite stellen.
• Für die Sauce die Zwiebel schälen, abspülen und in sehr feine Würfel schneiden. Die Butter aufschäumen lassen und die Zwiebel darin goldgelb braten. Das Mehl dazugeben und bei mittlerer Hitze unter Rühren etwa 1 Minute leicht anschwitzen. Den Topf vom Herd nehmen und die Milch einrühren. Den Topf wieder auf den Herd zurückstellen und die Sauce kurz kochen lassen, bis sie leicht dickflüssig wird. Die Gewürze, die saure Sahne und den Wein oder das Wasser einrühren und die Sauce abschmecken.
• Den Backofen auf 200° (Gas 2½–3) vorheizen. Eine flache Auflaufform fetten und den Reis am Rand der Auflaufform ringförmig einschichten.
• Die Cashewkerne grobhacken und in dem Öl in einer Pfanne unter ständigem Bewegen goldgelb rösten. Die Bananen schälen und in ½ cm dicke Scheiben schneiden.
• Das Gemüse, zwei Drittel der Cashewkerne und die Bananenstücke in die Mitte der Auflaufform füllen. Die Currysauce über den Reis und das Gemüse verteilen. Das Gomasio darüberstreuen.
• Den Auflauf auf der mittleren Schiene 25–30 Minuten überbacken.
• Die Kohlrabi-Herzblättchen waschen, feinschneiden und zusammen mit den restlichen Cashewkernen auf dem Auflauf verteilen.

Tip: In diesem Auflauf schmecken auch sehr gut Rosinen. Anstelle der Cashewkerne können Sie geschälte Mandeln verwenden und als Ersatz für die Kohlrabi paßt Blumenkohl gut in dieses Gericht.

Ganz einfach · Raffiniert

Rosenkohlgratin mit Maronen

Bild Seite 71

Zutaten für 4 Personen:
500 g Maronen (Eßkastanien) ·
500 g Rosenkohl · 2 große Zwiebeln · 40 g Butter · ½ Teel. Zitronensaft · Kräutersalz · Muskatnuß, frisch gerieben · 150 g Appenzeller und Parmesan gemischt, frisch gerieben ·
100 g saure Sahne oder Crème fraîche
Für die Form: Butter
Pro Portion etwa 2600 kJ/620 kcal
24 g Eiweiß · 26 g Fett · 71 g Kohlenhydrate · 11 g Ballaststoffe

Vorbereitungszeit: etwa 50 Minuten
Backzeit: 25–30 Minuten

• Die Maronen mit einem Messer oder einer Küchenschere an der Spitze kreuzweise einschneiden und in etwa 2 l kochendem Wasser in etwa 20 Minuten weich garen. Die Maronen dann kalt abschrecken und die feste äußere Schale und das innere Häutchen mit einem kleinen spitzen Messer entfernen.

• Den Rosenkohl waschen und die unschönen Blättchen entfernen. Die Zwiebeln schälen, abspülen, halbieren und würfeln.
• Die Hälfte der Butter in einem Topf aufschäumen lassen, die Zwiebeln dazugeben und bei mittlerer Hitze goldbraun braten. Den Rosenkohl, etwa 1 Tasse Wasser, den Zitronensaft, etwas Salz und Muskat dazugeben und den Rosenkohl zugedeckt bei mittlerer Hitze in etwa 5 Minuten nicht ganz weich kochen.
• Den Backofen auf 200° (Gas 2½–3) vorheizen und eine hohe Auflaufform fetten.
• Abwechselnd Rosenkohl, Eßkastanien und Käse in die Form schichten. Die saure Sahne oder Crème fraîche mit 3–4 Eßlöffeln Gemüsekochwasser verrühren und in Tupfen auf dem Gratin verteilen. Die restliche Butter in Stückchen daraufsetzen.
• Den Gratin auf der mittleren Schiene des Backofens in 25–30 Minuten überbacken.

Das paßt dazu: ein Salat nach Jahreszeit

Kartoffeln am Tag zuvor gekocht · Ganz einfach

Gemüseauflauf mit Tofu

Zutaten für 4 Personen:
250 g Tofu · 250–300 ccm Wasser · 2 gestrichene Teel. gekörnte Gemüsebrühe · 2–3 Teel. Sojasauce · 1 Messerspitze getrockneter Thymian · Pfeffer, frisch gemahlen · Kräutersalz · 1 Lorbeerblatt, fein zerrieben · 750 g gekochte Pellkartoffeln · 2 mittelgroße Möhren · 2 mittelgroße Stangen Lauch/Porree (etwa 500 g) · 2 Eßl. Sonnenblumen- oder Olivenöl · 100 g Emmentaler, frisch gerieben · ½ Bund Petersilie, frisch gehackt · 200 g Sahne · 10 g Butter

Pro Portion etwa 2600 kJ/620 kcal
20 g Eiweiß · 39 g Fett · 45 g Kohlenhydrate · 20 g Ballaststoffe

Vorbereitungszeit: etwa 40 Minuten
Backzeit: 20–25 Minuten

• Den Tofu in Würfel von etwa 1 cm schneiden. Das Wasser mit der Gemüsebrühe, der Sojasauce, dem Thymian, Pfeffer, Salz und dem Lorbeerblatt in einem kleinen Topf verrühren. Die Tofuwürfel hineingeben und das ganze etwa 5 Minuten leicht köcheln lassen. Dann beiseite stellen und etwa 30 Minuten ziehen lassen.
• Die Kartoffeln schälen und in etwa ½ cm dünne Scheiben schneiden. Die Möhren waschen, schaben oder schälen und in 2–3 mm dünne Scheiben hobeln. Von dem Lauch die dunkelgrünen Blattspitzen und die Wurzeln abschneiden. Die Lauchstangen längs durchschneiden, die einzelnen Hälften unter Aufklappen der Blätter gründlich waschen und in 1 cm breite Streifen schneiden.
• 1 Eßlöffel des Öls in einem Topf erhitzen und die Möhren darin, eventuell unter Zugabe von ½ Tasse Wasser, zugedeckt bei schwacher Hitze 5–7 Minuten vordünsten. Den Lauch dazugeben und noch etwa 2–3 Minuten mitdünsten lassen. Das Gemüse auf einen Teller geben.
• Den Backofen auf 200° (Gas 2½–3) vorheizen und eine hohe Auflaufform bereitstellen.
• Die Tofuwürfel über ein Sieb in eine kleine Schüssel abgießen und abtropfen lassen. Das restliche Öl in dem Topf erhitzen und die Tofuwürfel darin etwa 5 Minuten von allen Seiten anbraten.
• Lagenweise Kartoffelscheiben, Gemüse, Tofuwürfel, drei Viertel des Käses und die Hälfte der Petersilie in die Form einschichten. Die letzte Schicht soll aus Kartoffeln bestehen. Die Sahne mit der abgegossenen Marinade und dem restlichen Käse vermischen und über den

Auflauf gießen. Die Butter in Stückchen daraufsetzen.

- Den Auflauf auf der mittleren Schiene des Backofens 20–25 Minuten überbacken, bis sich die Kartoffelschicht goldbraun färbt.
- Den fertigen Auflauf mit der restlichen Petersilie bestreut servieren.

Variante: Dieser Auflauf schmeckt auch gut mit anderen Gemüsesorten wie zum Beispiel Zucchini, Auberginen oder Paprikaschoten.

Reis am Tag zuvor gekocht · Geht schnell

Lauchauflauf mit Austernpilzen und Reis

Zutaten für 4 Personen:
500 g Lauch/Porree · 1 Fenchelknolle (etwa 250 g) · 250 g Austernpilze · 60 g Butter · 500 g gegarter Langkorn-Naturreis (200 g ungegart) · 1½ Eßl. Currypulver · Kräutersalz · ½ Bund Petersilie, frisch gehackt · 200 g Sahne · etwa 100 ccm Wasser oder Milch · Streuwürze · 1 Prise Muskatnuß, frisch gerieben · weißer Pfeffer, frisch gemahlen · 100 g Emmentaler, frisch gerieben
Für die Form: Butter
Pro Portion etwa 2200 kJ/520 kcal
19 g Eiweiß · 39 g Fett · 46 g Kohlenhydrate · 18 g Ballaststoffe

Vorbereitungszeit: etwa 40 Minuten
Backzeit: 15–20 Minuten

- Von dem Lauch die ledrigen Blattenden und die Wurzeln abschneiden. Die Lauchstangen halbieren, die einzelnen Blätter unter Aufklappen gründlich waschen und in etwa 1 cm breite Streifen schneiden. Die Fenchelknolle waschen, putzen und in etwa ½ cm breite Streifen schneiden. Die Pilze kurz unter fließendem Wasser abspülen, wenn nötig, noch putzen, und in 2–3 cm große Stücke schneiden.

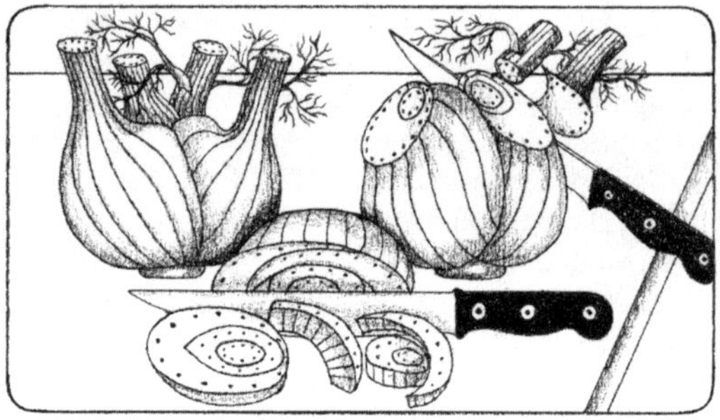

Fenchelknollen werden dünn geschält (die äußeren Blätter haben sehr harte Blattrippen), dann geviertelt und wie Zwiebeln in Scheiben geschnitten.

- Die Hälfte der Butter in einem flachen Topf schmelzen, über den Reis gießen und untermischen. Den Curry und Kräutersalz einrühren.
- Die restliche Butter in der Pfanne erhitzen, die Pilze darin kurz bei starker Hitze anbraten. Dann die Hitze zurückschalten, die Lauch- und Fenchelstreifen dazugeben und zugedeckt 3–5 Minuten andünsten. Die Petersilie bis auf einen kleinen Rest unterrühren.
- Für die Sauce die Sahne, das Wasser oder die Milch mit Salz, Streuwürze, dem Muskat und Pfeffer verrühren und abschmecken. Zwei Drittel des Käses ebenfalls untermischen.
- Den Backofen auf 220° (Gas 3–4) vorheizen und eine flache Auflaufform fetten.
- Die Hälfte des Reises in die Form geben. Die Gemüse-Pilz-Mischung einfüllen. Die Hälfte der Sauce daraufgießen. Den restlichen Reis einfüllen, glattstreichen und mit der restlichen Sauce übergießen. Den zurückbehaltenen Käse darüberstreuen.

• Den Auflauf auf der mittleren Schiene des Backofens 15-20 Minuten backen, bis der Käse sich braun zu färben beginnt.
• Mit der restlichen Petersilie bestreut servieren.

Tip: Anstelle der Austernpilze können Sie auch Champignons verwenden.

Raffiniert · Kalt als Büromahlzeit geeignet

Weißkohlauflauf mit Gemüse-Nußfüllung

Zutaten für 4 Personen:
Kräutersalz · 1 kg Weißkohl oder Wirsing · 2 mittelgroße Zwiebeln · 30 g Butter · 100 g Knollensellerie · 100 g Emmentaler, Appenzeller oder Gouda, frisch gerieben · 150 g gemischte Nüsse (zum Beispiel Haselnüsse, Mandeln und Walnüsse), frisch gerieben · 1 Ei · 1-2 Eßl. Hefeflocken · schwarzer Pfeffer, frisch gemahlen · ½ Teel. getrockneter Thymian · ½ Teel. getrockneter Majoran · 1 Knoblauchzehe · 10 g Weizen, feingemahlen · 200 ccm Kohlkochwasser · 200 g Sahne · 2 Eßl. Tomatenmark · Streuwürze
Zum Bestreuen: 1-2 Eßl. Kräuter, frisch gehackt oder Sprossen
Pro Portion etwa 2900 kJ/690 kcal
20 g Eiweiß · 55 g Fett · 28 g Kohlenhydrate · 14 g Ballaststoffe

Vorbereitungszeit: etwa 1 Stunde
Backzeit: 35-40 Minuten

• In einem großen Topf etwa 1 l Wasser zum Kochen bringen und 1 Teelöffel Salz dazugeben.
• Den Kohlkopf putzen, vierteln und den Strunk keilförmig herausschneiden. Die Kohlstücke in dem kochenden Wasser zugedeckt in etwa 10 Minuten halbweich kochen. Dann den Kohl herausnehmen und auf einem Sieb abtropfen lassen. Die Blätter einzeln ablösen und die dikken Rippen der Krautblätter flachschneiden.
• Während die Kohlblätter kochen für die Füllung die Zwiebeln schälen, in feine Würfel schneiden und in 10 g Butter glasig dünsten. Dann in eine mittelgroße Schüssel geben. Den Sellerie waschen, sauber schälen und feinreiben oder im elektrischen Zerkleinerungsgerät feinhacken. Den Käse, die Nüsse, das Ei, die Hefeflocken, Salz, Pfeffer und die getrockneten Kräuter dazugeben. Die Knoblauchzehe schälen, feinhacken oder durch die Presse drücken und mit allen Zutaten gründlich vermischen.
• Für die Sauce 10 g Butter in einem kleinen Topf aufschäumen lassen. Das Weizenmehl dazugeben und bei mittlerer Hitze unter Rühren 1-2 Minuten anschwitzen. Den Topf vom Herd nehmen, das Kochwasser und die Sahne aufgießen und das Tomatenmark dazugeben. Den Topf wieder auf den Herd zurückstellen und die Sauce etwas einkochen lassen, bis sie sämig ist. Die Sauce mit Streuwürze abschmecken.
• Den Backofen auf 200° (Gas 2½-3) vorheizen und eine flache Auflaufform bereitstellen.
• Abwechselnd Kohlblätter und Füllung in die Form einschichten und mit einer Kohlschicht enden. Mit einem spitzen Messer die eingeschichteten Zutaten zweimal längs und quer in voller Tiefe einschneiden. Die Sauce darübergießen und darauf achten, daß sie die Kohlblätter vollständig abdeckt. Die restliche Butter in Stückchen auf dem Auflauf verteilen.
• Den Auflauf auf die mittlere Schiene in den Backofen stellen und 35-40 Minuten backen. Sollte er gegen Ende der Backzeit an der Oberfläche zu stark austrocknen und bräunen, einen Deckel oder Alufolie auflegen.

• Den fertigen Auflauf mit den Kräutern oder Sprossen bestreuen und servieren.

Variante: Überbackene Kohlrouladen
Halbieren Sie den Kohl nur vor dem Kochen, damit Sie größere Blattstücke erhalten. Legen Sie 2–3 Blattstücke aufeinander und setzen Sie etwas Füllung in die Mitte. Schlagen Sie die Blattränder seitlich etwas ein, wickeln Sie die Rouladen auf und setzen Sie sie nebeneinander in eine gebutterte Auflaufform. Gießen Sie die Sauce darüber und überbacken Sie die Rouladen. Sie können diese Füllung auch sehr gut für andere Gemüsesorten verwenden.

Ganz einfach

Gratin mit Frühlingsgemüse

Zutaten für 4–5 Personen:
500 g neue Kartoffeln · 250 g junge Möhren · 200 g Zuckerschoten · 1 Bund Frühlingszwiebeln (250 g) · 40 g Butter · 2–3 Eßl. Petersilie, frisch gehackt · 200 g Crème fraîche oder 20%ige saure Sahne · 1 Ei · etwa ½ Tasse Gemüsekochwasser · Kräutersalz · Muskatnuß, frisch gerieben · 50 g Emmentaler oder Parmesan, frisch gerieben
Für die Form: Butter
Bei 4 Portionen etwa 2100 kJ/500 kcal
14 g Eiweiß · 31 g Fett · 38 g Kohlenhydrate · 16 g Ballaststoffe pro Person

Vorbereitungszeit: etwa 30 Minuten
Backzeit: 20–25 Minuten

• Die Kartoffeln und die Möhren waschen und gründlich bürsten oder schaben. Die Kartoffeln in etwa 1 cm große Würfel, die Möhren in 1 cm dicke Scheiben schneiden und beide Gemüsesorten in einen dicht schließenden Topf geben.
• Etwa 2 Tassen Wasser hinzufügen und das Gemüse zugedeckt bei mittlerer Hitze in 5–7 Minuten nicht ganz weich garen.
• Inzwischen die Zuckerschoten waschen, abtropfen lassen und die Fäden abziehen. Die Frühlingszwiebeln waschen, die Hälfte der Zwiebelröhrchen abschneiden und beiseite legen. Die restlichen Zwiebeln in 1 cm breite Ringe schneiden. Die geschnittenen Frühlingszwiebeln und Zuckerschoten mit der Butter in den Topf zu dem vorgegarten Gemüse geben und zugedeckt 1–2 Minuten mitgaren. Die Petersilie einrühren.
• Den Backofen auf 200° (Gas 2½–3) vorheizen und eine flache Auflaufform fetten.
• Für die Sauce die Crème fraîche oder saure Sahne, das Ei und das Gemüsekochwasser zu einer flüssigen Sauce verrühren. Die Gewürze und den Käse einrühren und die Sauce abschmecken. Die Gemüsemischung in die Form füllen. Die Sauce gleichmäßig darübergießen.
• Den Gratin auf der mittleren Schiene 20–25 Minuten überbacken.
• Die restlichen Frühlingszwiebeln sehr fein schneiden und den Gratin damit bestreuen.

Tip: Anstelle der Kartoffeln passen auch sehr gut Kohlrabi oder Nudeln zu diesem frühlingshaften Gericht.

Die Kombination von Rosenkohl und Maronen ergibt ▷ ein raffiniertes, köstliches Backofengericht. Rezept Seite 66.

Preiswert · Braucht etwas Zeit

Moussaka

Bild Umschlag-Rückseite

Diese griechische Spezialität ist auch ohne Fleisch eine absolut vollwertige Mahlzeit.

Zutaten für 4 Personen:
1 kg Auberginen · Kräutersalz · 4 mittelgroße Zwiebeln · 2–3 Tomaten ·
500 g mehlig festkochende Kartoffeln ·
6–7 Eßl. Olivenöl · 40 g Butter · 40 g Weizen, feingemahlen · 400–500 ccm Milch · 1 Teel. getrockneter Oregano · 1 Teel. frischer oder getrockneter Thymian · 1 Gemüsebrühwürfel · ¼ Teel. Zimtpulver · je 50 g Parmesan und Emmentaler, frisch gerieben
Für die Form: Butter
Zum Bestreuen: etwas frischer Thymian oder Petersilie, frisch gehackt
Pro Portion etwa 3000 kJ/710 kcal
20 g Eiweiß · 47 g Fett · 52 g Kohlenhydrate · 13 g Ballaststoffe

Vorbereitungszeit: etwa 50 Minuten
Backzeit: 30–35 Minuten

◁ Die Bratäpfel im Mandelbiskuit bekommen durch eine aromatische Füllung aus Mandeln und Trockenfrüchten einen besonders feinen Geschmack. Rezept Seite 95.

- Die Auberginen putzen, waschen und zur Hälfte in 1 cm dicke Scheiben, zur anderen Hälfte in 1 cm kleine Würfel schneiden und leicht salzen. Die Zwiebeln schälen, kurz abspülen, halbieren und in kleine Würfel schneiden. Die Tomaten mit einem Messer kreuzförmig einritzen, mit kochendheißem Wasser überbrühen und die Haut abziehen. Die Kartoffeln dünn schälen und zugedeckt beiseite stellen.
- Die Auberginen mit einem Küchentuch abtupfen. Möglichst in 2 Pfannen 4 Eßlöffel des Olivenöls erhitzen und die Auberginenscheiben bei mittlerer Hitze etwa 3 Minuten von jeder Seite anbraten. Auf einem Teller beiseite legen.
- Für die Sauce die Butter aufschäumen lassen, das Mehl dazugeben und bei mittlerer Hitze unter Rühren 1–2 Minuten anschwitzen. Den Topf vom Herd nehmen, die Milch angießen, den Topf wieder zurückstellen und die Sauce etwa 1 Minute leicht einkochen lassen.
- In der Pfanne 2 Eßlöffel des Olivenöls erhitzen und die Zwiebeln darin leicht anbräunen. Die Auberginenwürfel dazugeben und anbraten. Die Tomaten in Würfel schneiden, dabei den Strunkansatz entfernen. Die Tomatenwürfel dazugeben und kurz andünsten lassen. Den Oregano, den Thymian, Salz, den Gemüsebrühwürfel und das Zimtpulver einrühren. 2 Eßlöffel der Sauce untermischen.
- Den Backofen auf 225° (Gas 3–4) vorheizen und eine flache oder hohe Auflaufform fetten.
- Die Kartoffeln in 2–3 mm dünne Scheiben hobeln und auf dem Boden der Form verteilen. (Die Scheibchen müssen sehr dünn sein, damit sie in der relativ kurzen Garzeit in der Auflaufform weich werden.) Jetzt abwechselnd lagenweise die Zwiebel-Auberginen-Tomatenmasse, drei Viertel des Käses und die Auberginenscheiben in die Form schichten. Jede Lage mit etwas Sauce begießen. Zum Schluß die restliche Sauce darübergießen und den übrigen Käse darüberstreuen.

• Den Auflauf auf der unteren Schiene des Backofens 30–35 Minuten backen, bis die Oberfläche goldbraun ist. Wenn der Käse zu dunkel werden sollte, die Hitze gegen Ende der Backzeit zurückstellen oder die Form abdekken.
• Mit den Kräutern bestreut servieren.

Das paßt als Vorspeise: ein Griechischer Salat

Tip: Wenn Sie gekochte Kartoffeln verwenden, verkürzt sich die Garzeit auf 10–12 Minuten. In dieses südländische Gericht passen natürlich auch Zucchini. Diese können Sie mit der Zwiebel-Auberginenmasse vorgaren.

Reis am Tag zuvor gekocht · Ganz einfach

Wirsingauflauf mit Reis und Pilzen

Zutaten für 4–6 Personen:
2 Knoblauchzehen · 1 Gemüsebrühwürfel · 2 Gewürznelken · 2 Pimentkörner · 1 Kopf Wirsing (etwa 1 kg) · 250 g Champignons · 1 große Zwiebel · 50 g Butter · 500 g gegarter Langkorn-Naturreis (200 g ungegart) · 1 Bund Petersilie, frisch gehackt · 50 g Appenzeller oder Emmentaler, frisch gerieben · 2 Eier · 4 Eßl. Sahne · 2 Eßl. Hefeflocken · Kräutersalz · ½ Teel. Currypulver · Streuwürze · 2 Eßl. Gomasio
Für die Form: Butter
Bei 4 Portionen etwa 1900 kJ/450 kcal
22 g Eiweiß · 29 g Fett · 46 g Kohlenhydrate · 14 g Ballaststoffe pro Person

Vorbereitungszeit: etwa 45 Minuten
Backzeit: 20–25 Minuten

• Die Knoblauchzehen schälen.
• In einem Topf ½ Liter Wasser mit dem Gemüsebrühwürfel, den Knoblauchzehen, den Nelken und den Pimentkörnern zum Kochen bringen.
• Von dem Wirsingkopf die äußeren Blätter entfernen und den Strunk keilförmig herausschneiden. Den Kopf vierteln, die Wirsingstücke in das kochende Wasser geben und im geschlossenen Topf bei mittlerer Hitze in 5–8 Minuten halbgar kochen. Dann in einem Sieb abtropfen lassen.
• Die Champignons unter fließendem Wasser abwaschen und das Stielende abschneiden. Die Pilze in etwa ½ cm dicke Scheiben schneiden.
• Die Zwiebel schälen, kurz abspülen, halbieren und in kleine Würfel schneiden. Die Hälfte der Butter in einer großen Pfanne erhitzen. Die Zwiebel dazugeben, bei schwacher Hitze goldbraun braten und auf einen Teller legen.
• Die restliche Butter erhitzen, die geschnittenen Champignons dazugeben und diese bei anfangs starker Hitze in 2–3 Minuten ebenfalls leicht anbräunen. Vom Herd nehmen und den Reis und die Zwiebel untermischen. So viel vom Wirsingkochwasser hinzufügen, daß die Masse geschmeidig wird. Die Petersilie und den Käse bis auf einen kleinen Rest unterrühren.
• Den Backofen auf 200° (Gas 2½–3) vorheizen und eine hohe Auflaufform fetten.
• Die Eier mit der Sahne verrühren. Die Hefeflocken, Salz, das Currypulver und Streuwürze einrühren und die Sauce mit der Reismasse verrühren. Die Masse noch einmal abschmecken; sie sollte kräftig schmecken.
• Die Wirsingblätter abwechselnd mit der Pilz-Reis-Masse in die Form einschichten, die letzte Schicht sollte aus Reis bestehen. Den restlichen Käse mit dem Gomasio vermischen und darüberstreuen.
• Die Form auf die mittlere Schiene in den Backofen stellen und den Auflauf 20–25 Minuten backen, bis die Oberfläche leicht gebräunt ist.

Gemüse mit Innenleben

Wenn Sie gerne wissen wollen, was in den verschiedenen Gemüsen des folgenden Kapitels steckt, dann probieren Sie doch mal die folgenden Rezepte aus! Ich stelle Ihnen unterschiedliche Füllungen in verschiedenen Geschmacksrichtungen vor: Zum einen Füllungen, die vorzugsweise Gemüse enthalten, die als kleine Vorspeise oder Zwischenmahlzeit geeignet sind oder mit einer Beilage zusammen ein vollständiges Menü ergeben. Zum anderen präsentiere ich Füllungen, die zusätzlich noch Getreideprodukte enthalten, so daß sie ohne weitere Beilage ein ausgewogenes kleines Gericht darstellen. Die Füllungen sind vielseitig; man kann sie nicht nur für die im jeweiligen Rezept angegebene Gemüseart verwenden, sondern auch beliebig austauschen.
Natürlich schmecken die Füllungen auch, wenn sie nicht in das Gemüse gefüllt wurden, als Gemüsebeilage oder die getreidehaltigen als Grundmasse für Bratlinge.

Ganz einfach · Für Gäste

Gefüllte Auberginen

Dieses Gericht ist eine feine Vorspeise, die auch kalt gut schmeckt. Sie können die Auberginen also schon vorher zubereiten.

Zutaten für 4 Personen:
2 mittelgroße Auberginen (500–600 g) · Kräutersalz · 2–3 Tomaten, ersatzweise 1 Eßl. Tomatenmark · 1 große Zwiebel · 1 Knoblauchzehe · 1 Eßl. Olivenöl · 50 g Sojapastete (Reformhaus oder Naturkostladen) · 1 Prise schwarzer Pfeffer, frisch gemahlen · ¼ Teel. Currypulver · Streuwürze · 1 Bund Petersilie, frisch gehackt · 50 g Emmentaler, frisch gerieben

Pro Portion etwa 710 kJ/170 kcal
8 g Eiweiß · 10 g Fett · 12 g Kohlenhydrate · 6 g Ballaststoffe

Vorbereitungszeit: etwa 30 Minuten
Backzeit: 10–15 Minuten

- Die Auberginen waschen, abtrocknen, von Stiel- und Blütenansätzen befreien, in der Mitte längs durchschneiden und aushöhlen (siehe Tip Seite 79)
- Das ausgehöhlte Fruchtfleisch leicht salzen und etwa 15 Minuten ziehen lassen, damit eventuelle Bitterstoffe herausgelöst werden.
- Die Auberginenhälften innen leicht salzen. 1 Tasse Wasser in einer Deckelpfanne zum Kochen bringen. Die ausgehöhlten Auberginenhälften mit der Öffnung nach oben darin zugedeckt in etwa 7 Minuten nicht ganz weich garen.
- Inzwischen die Tomaten mit kochendem Wasser übergießen, 1–2 Minuten darin ziehen lassen, dann kalt abschrecken und die Haut abziehen. Die Tomaten halbieren, den Strunkansatz keilförmig herausschneiden und die Tomaten in etwa 1 cm große Würfel schneiden.
- Die Zwiebel schälen, abspülen, halbieren und in kleine Würfel schneiden. Die Knoblauchzehe schälen und durch die Presse drücken. Das Öl in einer Pfanne erhitzen und die Zwiebel und den Knoblauch darin goldbraun braten.
- Das Fruchtfleisch der Auberginen mit einem Papiertuch abtupfen, wenn nötig, noch gleichmäßig klein schneiden, zu der Zwiebel in die Pfanne geben und etwa 3 Minuten bei mittlerer Hitze anbraten. Die Tomatenstücke dazugeben und in der offenen Pfanne köcheln lassen, bis die Flüssigkeit verdampft ist. Dabei die Sojapastete einrühren und die Masse mit Salz, dem Pfeffer, dem Curry und Streuwürze abschmekken. Zwei Drittel der Petersilie untermischen.
- Den Backofen auf 200° (Gas 2½–3) vorheizen.

• Die Auberginenhälften nebeneinander in eine flache Auflaufform legen. Die Füllung in die Auberginen streichen und mit Käse überstreuen.
• Die Auberginen auf der mittleren Schiene des Backofens 10-15 Minuten überbacken.
• Mit der restlichen Petersilie bestreuen und servieren.

Das paßt dazu: Pellkartoffeln oder Reis

Raffiniert · Ganz einfach

Zucchini mit Möhren und Austernpilzen

Zutaten für 4 Personen:
2 mittelgroße Zucchini (800-1000 g) ·
1 mittelgroße Zwiebel · 3 mittelgroße Möhren oder Tomaten · etwa 300 g Austernpilze (ersatzweise Champignons) · 2 Eßl. Olivenöl · 30 g Butter · 1-2 Knoblauchzehen · Kräutersalz · 1 Eßl. frischer oder 1 Teel. getrockneter Thymian (ersatzweise Petersilie) · ½ Teel. gekörnte Gemüsebrühe · Streuwürze · ½ Teel. Koriander, frisch gemahlen ·
1 Teel. mittelscharfer Senf · 150 g Crème fraîche · 50-60 g Hartkäse, frisch gerieben ·
1-2 Eßl. Gomasio
Zum Bestreuen: 1 Teel. frischer Thymian
Pro Portion etwa 2000 kJ/480 kcal
13 g Eiweiß · 35 g Fett · 23 g Kohlenhydrate · 6 g Ballaststoffe

Vorbereitungszeit: etwa 55 Minuten
Backzeit: 20-25 Minuten

• Die Zucchini waschen, längs durchschneiden und mit einem scharfen Messer oder einem scharfkantigen Löffel aushöhlen.
• In einer großen Deckelpfanne 1 Tasse Wasser zum Kochen bringen und die Zucchinihälften darin mit der Öffnung nach oben in etwa 7 Minuten nicht ganz weich garen.

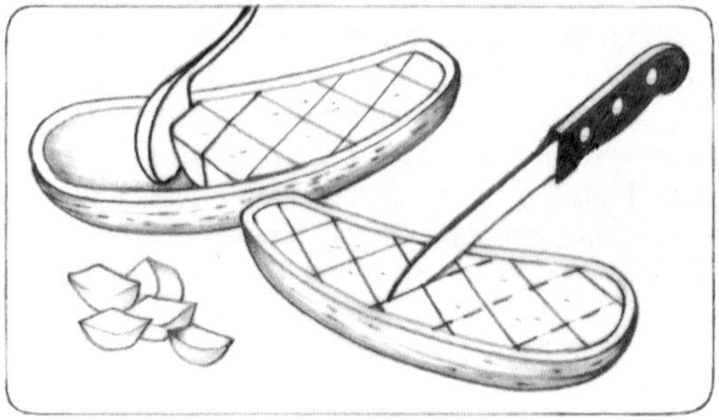

Um Zucchini auszuhöhlen wird das Fruchtfleisch mit einem spitzen Messer von der Schale gelöst und gitterförmig eingeschnitten. Die Würfel kann man dann mit einem Löffel herauslösen.

• Inzwischen die Zwiebel schälen, kurz abspülen, halbieren und in kleine Würfel schneiden. Die Möhren waschen, bürsten oder dünn abschälen und in etwa ½ cm dicke Würfel schneiden. Oder die Tomaten mit kochendem Wasser übergießen, 1-2 Minuten darin ziehen lassen, dann kalt abschrecken und die Haut abziehen. Die Tomaten halbieren, den Strunkansatz keilförmig herausschneiden und die Tomaten in etwa 1 cm kleine Würfel schneiden. Die Pilze rasch unter fließendem Wasser abspülen, wenn nötig putzen, und in 2-3 cm große Stücke schneiden.
• Das Öl und die Hälfte der Butter in einer mittelgroßen Pfanne erhitzen und die Zwiebel darin glasig dünsten. Die Möhrenwürfel beziehungsweise die Tomatenstücke, das ausgehöhlte Zucchinifruchtfleisch und die Pilze zu der Zwiebel geben und etwa 5 Minuten bei Verwendung von Tomaten oder 10 Minuten bei Verwendung von Möhren zugedeckt garen.
• Die Knoblauchzehen schälen, mit etwas Salz

fein zerdrücken oder durch die Presse drücken und dazugeben. Den Thymian, die Gemüsebrühe, Salz, Streuwürze, den Koriander, den Senf und die Hälfte der Crème fraîche in die Gemüsemasse einrühren.

- Den Backofen auf 200° (Gas 2½–3) vorheizen.
- Die Zucchini nebeneinander in eine flache Auflaufform legen. Die Füllung in die Zucchini füllen. Die restliche Crème fraîche eventuell mit etwas Wasser und dem Käse zu einer dickflüssigen Sauce verrühren und diese Mischung auf der Füllung verteilen. Das Gomasio darüberstreuen und die restliche Butter in Stückchen daraufsetzen.
- Die Zucchini auf der mittleren Schiene des Backofens in 20–25 Minuten überbacken.
- Mit dem Thymian bestreut servieren.

Das paßt dazu: Pellkartoffeln oder Butterreis

Tip: Man kann bei den Gemüsefüllungen die Beilage, wie zum Beispiel Kartoffeln oder Reis, auch zusammen mit dem gefüllten Gemüse in die Form einschichten und beides zusammen überbacken.

Braucht etwas Zeit

Gefüllte Gurken

Zutaten für 4 Personen:
70 g Kichererbsen · 2 Schmorgurken von je etwa 500 g · 2 große Zwiebeln · 250 g Champignons · 50 g Butter · 200 g Frischkäse · 1 Eigelb oder 1 Eßl. Sojamehl · 1 Bund Dill, frisch gehackt · Kräutersalz · 1 Prise Muskatnuß, frisch gerieben · ½ Würfel Gemüsebrühe · 1 Eßl. Sesamsamen oder Gomasio

Pro Portion etwa 1800 kJ/430 kcal
15 g Eiweiß · 31 g Fett · 22 g Kohlenhydrate · 13 g Ballaststoffe

Einweichzeit: 4–5 Stunden oder über Nacht
Vorbereitungszeit: etwa 40 Minuten
Backzeit: 15–20 Minuten

- Die Kichererbsen kurz abspülen, in etwa 300 ccm abgekochtem oder gefiltertem Wasser einweichen und 4–5 Stunden oder noch besser über Nacht quellen lassen.
- Die eingeweichten Kichererbsen mit dem Einweichwasser in einen breiten Topf oder eine Deckelpfanne geben und noch etwa 1–2 Tassen Wasser dazugeben.
- Die Gurken waschen, schälen, einmal längs durchschneiden und aushöhlen (siehe Tip Seite 79). Die ausgehöhlten Gurkenhälften auf die Kichererbsen geben und in 15–20 Minuten nicht ganz weich garen.
- Die Zwiebeln schälen, abspülen, halbieren und in kleine Würfel schneiden. Die Champignons kurz unter fließendem Wasser abreiben, wenn nötig putzen, und in 1 cm große Stücke schneiden.
- Die Hälfte der Butter in einer Pfanne erhitzen und die Zwiebeln darin bei schwacher Hitze leicht anbräunen. Dann auf einen Teller legen. Die restliche Butter erhitzen und die Pilze darin bei anfangs starker Hitze in 2–3 Minuten anbräunen. Das ausgehöhlte Gurkenfleisch dazugeben und 3–4 Minuten mitschmoren lassen. Dann leicht abkühlen lassen und den Frischkäse, das Eigelb oder das Sojamehl und die Hälfte des Dills einrühren. Die Masse mit Salz, dem Muskat und der Gemüsebrühe abschmecken.
- Den Backofen auf 200° (Gas 2½–3) vorheizen und eine flache Auflaufform bereitstellen.
- Die vorgegarten Gurken mit einem Schaumlöffel aus dem Topf heben und nebeneinander in die Form setzen. Die Kichererbsen in ein Sieb

abschütten und in die Füllung einrühren. Die Gurkenhälften damit füllen. Die Sesamsamen oder das Gomasio darüberstreuen. Etwa ½ Tasse Wasser auf den Boden der Form gießen.
- Die Gurken auf der mittleren Schiene des Backofens 15-20 Minuten überbacken.
- Mit dem restlichen Dill bestreut servieren.

Das paßt dazu: Petersilienkartoffeln oder Hirse

Tip: Wenn Sie Pilze beim Anbraten etwas bräunen möchten, ist es wichtig, daß Sie anfangs bei starker Hitze braten, damit möglichst kein oder wenig Wasser austreten kann. Leicht angebratene Pilze schmecken aromatischer.

Ganz einfach · Raffiniert

Kohlrabi mit Couscousfüllung

Zutaten für 4-6 Personen:
60 g Kichererbsen · 4-6 Kohlrabi · 1 große Zwiebel · 1 Knoblauchzehe · 200 g Möhren · 200 g grüne Bohnen · 1 grüne Paprikaschote · 2 Eßl. Oliven- oder Sonnenblumenöl · etwa 1 Teel. frisches oder getrocknetes Bohnenkraut · 1-2 Eßl. ungeschwefelte Rosinen · Kräutersalz · 2 gestrichene Teel. gekörnte Gemüsebrühe · Streuwürze · 1 Prise Pimentpulver · 300-400 ccm Wasser · 300 g Couscous (Hartweizengrieß) · 50 g Butter · 100 g Crème fraîche oder saure Sahne · 2 Eßl. Gomasio
Für die Form: Butter
Zum Bestreuen: 1-2 Eßl. beliebige Kräuter, frisch gehackt
Bei 4 Portionen etwa 3300 kJ/790 kcal
21 g Eiweiß · 35 g Fett · 94 g Kohlenhydrate · 18 g Ballaststoffe pro Person

Einweichzeit: 4-5 Stunden oder über Nacht
Vorbereitungszeit: etwa 40 Minuten
Backzeit: 15-20 Minuten

- Die Kichererbsen in etwa ¼ l abgekochtem oder gefiltertem Wasser einweichen und 4-5 Stunden oder über Nacht quellen lassen.
- Die Kohlrabi mit einem Küchenmesser dünn schälen und zusammen mit den Kichererbsen und dem Einweichwasser unter Zugabe von etwa 1 Tasse Wasser in einem dicht schließenden Topf bei mittlerer Hitze in etwa 30 Minuten nicht ganz weich garen. Danach die Kohlrabi mit einem Schaumlöffel herausheben und leicht abkühlen lassen. Die Kichererbsen noch weiterkochen lassen, bis sie weich sind.
- Während die Kohlrabi und die Kichererbsen kochen, die Zwiebel und die Knoblauchzehe schälen, kurz abspülen, halbieren und in kleine Würfel schneiden. Die Möhren waschen, bürsten oder schälen und in ½ cm kleine Würfel schneiden. Die Bohnen waschen und putzen. Mehrere Bohnen auf einem Brett parallel nebeneinander legen und so gebündelt in etwa 1 cm kurze Stücke schneiden. Die Paprikaschote waschen, halbieren, die Kerne entfernen und die Hälften in ½-1 cm kleine Würfel schneiden.
- Das Öl in einer Deckelpfanne oder einem flachen Topf erhitzen und die Zwiebeln darin leicht anbräunen. Den Knoblauch, die Möhren- und Bohnenstücke und das Bohnenkraut dazugeben, etwa 1 Tasse Wasser angießen und das Gemüse in etwa 5 Minuten nicht ganz weich garen. Die Paprikawürfel und die Rosinen dazugeben und das Gemüse mit Salz, der Gemüsebrühe, Streuwürze und dem Pimentpulver würzen. Das Wasser angießen, den Couscous einstreuen, umrühren und zugedeckt in 3-5 Minuten ausquellen lassen. Sollte der Grieß schon weich sein und das Wasser noch nicht aufgesogen, den Deckel abnehmen und das restliche Wasser verdampfen lassen. Sollte die Masse zu fest

sein, noch etwas Wasser dazugeben. Die Hälfte der Butter einrühren und die Masse eventuell noch etwas nachwürzen.

- Die Kohlrabi quer durchschneiden und die Hälften aushöhlen (siehe Tip). Die herausgelösten Kohlrabistücke eventuell noch etwas kleiner schneiden und in die Couscousmasse einrühren. Die gekochten Kichererbsen mit dem wenigen restlichen Kochwasser ebenfalls unterrühren.
- Den Backofen auf 200° (Gas 2½-3) vorheizen und eine flache Auflaufform fetten.
- Die Kohlrabihälften soweit mit der Couscousmasse füllen, daß noch etwas Füllung übrigbleibt. Diese auf den Boden der Form streichen und die gefüllten Kohlrabi daraufsetzen. Auf jeden Kohlrabi ein kleines Stück Butter und einen Klecks Crème fraîche oder saure Sahne setzen. Das Gomasio darüberstreuen.
- Die Kohlrabi auf der mittleren Schiene des Backofens 15-20 Minuten backen.
- Die Kohlrabi mit den Kräutern bestreuen und servieren.

Tip: So läßt sich Gemüse ganz einfach aushöhlen: Die geeigneten Gemüsesorten, wie Kohlrabi, Zucchini, Auberginen oder Gurken werden nach dem Waschen beziehungsweise Vorgaren, quer halbiert. Danach schneidet man das Gemüse etwa ½ cm vom Rand entfernt mit einem kleinen spitzen Messer etwa 2-3 cm tief schräg ein. Das Innere wird nun mehrmals überkreuzend eingeschnitten, wobei man darauf achten sollte, daß man nicht ganz bis zur Schale durchschneidet. Jetzt läßt sich mit einem Messer oder einem scharfkantigen kleinen Löffel das Innere des Gemüses in kleinen Stücken ganz einfach herauslösen. Weiche Gemüsesorten lassen sich schon vor dem Garen, die härteren wie Kohlrabi, leichter nach dem Garen aushöhlen.

Ganz einfach · Schnell

Paprikaschoten mit Gemüse-Frischkäsefüllung

Zutaten für 4 Personen:
4 große Paprikaschoten (etwa 750 g) · 500 g Zucchini · 1 große Zwiebel · 4 Eßl. Sonnenblumenöl · 2 Knoblauchzehen · Kräutersalz · Streuwürze · ¼ Teel. getrockneter Oregano · ½ Teel. getrockneter oder 1 Teel. frischer Thymian · ½ Bund Petersilie, frisch gehackt · 150 g Kräuter-Frischkäse · 1 Ei
Für die Form: Butter oder Öl
Zum Bestreuen: ½ Bund Petersilie, frisch gehackt
Pro Portion etwa 1700 kJ/400 kcal
11 g Eiweiß · 33 g Fett · 18 g Kohlenhydrate · 3 g Ballaststoffe

Vorbereitungszeit: etwa 30 Minuten
Backzeit: 30-35 Minuten

- Von den Paprikaschoten an der Stielseite einen Deckel abschneiden und die Kerne herausnehmen. Die Schoten innen und außen abspülen und das Fruchtfleisch des Deckels kleinschneiden. Die Zucchini waschen, von Stiel- und Blütenansatz befreien und in mittelfeine Stifte schneiden oder raffeln. Dann zugedeckt beiseite stellen. Die Zwiebel schälen, abspülen, halbieren und in feine Streifen schneiden.
- Das Öl erhitzen und die Zwiebel darin 2-3 Minuten andünsten. Die Zucchinistifte und die Paprikastücke dazugeben, bei schwacher Hitze etwa 5 Minuten vorgaren und dabei die Flüssigkeit verdunsten lassen. Die Knoblauchzehen schälen, sehr fein schneiden oder durch die Knoblauchpresse drücken und zu dem Gemüse geben. Den Topf von der Kochstelle nehmen.

Die Masse mit Salz, Streuwürze, dem Oregano, dem Thymian und der Petersilie würzen. Den Frischkäse und das Ei untermischen.

- Den Backofen auf 225° (Gas 3–4) vorheizen. Eine hohe Auflaufform bereitstellen.
- Die Paprikaschoten außen mit etwas Öl einreiben, mit der Gemüsemasse füllen und in die Form stellen. Etwa ½ Tasse Wasser auf den Boden der Form gießen.
- Die Form auf die mittlere Schiene des Backofens stellen und die Schoten 30–35 Minuten garen lassen; sie sind dann noch bißfest.
- Mit der Petersilie bestreut servieren.

Raffiniert

Zwiebeln mit Buchweizen-Käsefüllung

Zutaten für 4 Personen:
4 große Gemüsezwiebeln · 1 Tasse Wasser · Meersalz · 200 g Buchweizen · 400 ccm Wasser · ½ Gemüsebrühwürfel · 1 Teel. getrockneter Majoran · 1 Prise Muskatnuß, frisch gerieben · ½ Teel. Currypulver · 1 gestrichener Teel. Streuwürze · 1 kleine Stange Lauch/Porree (etwa 100 g) · 40 g Butter · 100 g Appenzeller und Emmentaler gemischt, frisch gerieben · ½ Bund Schnittlauch oder Petersilie, frisch geschnitten · 3–4 Eier · 2 Eßl. Gomasio
Für die Form: Butter
Pro Portion etwa 2500 kJ/600 kcal
25 g Eiweiß · 27 g Fett · 60 g Kohlenhydrate · 7 g Ballaststoffe

Vorbereitungszeit: etwa 40 Minuten
Backzeit: 20–25 Minuten

- Die Zwiebeln schälen und quer halbieren. Das Wasser mit ½ Teelöffel Salz zum Kochen bringen und die Zwiebelhälften mit der Schnittfläche nach unten darin bei mittlerer Hitze zugedeckt in 15–20 Minuten halbweich garen.
- Inzwischen für die Füllung den Buchweizen mit dem Wasser, dem Gemüsebrühwürfel, dem Majoran, dem Muskat, dem Curry, der Streuwürze und Salz in einen Topf geben, den Deckel auflegen und alles zum Kochen bringen. Einmal aufkochen lassen, dann bei schwächster Hitze etwa 20 Minuten quellen lassen.
- Die halbweichen Zwiebeln mit einem Schaumlöffel aus dem Wasser heben und etwas auskühlen lassen.
- Von dem Lauch die derben Blattspitzen und die Wurzeln abschneiden. Die Lauchstange längs durchschneiden, die Blätter unter Aufklappen unter fließendem Wasser gründlich waschen und in 2–3 mm feine Streifen schneiden.
- Die Hälfte der Butter in einem mittelgroßen Topf aufschäumen lassen, die Lauchstreifen dazugeben und bei mittlerer Hitze 3–4 Minuten andünsten.
- Den Backofen auf 225° (Gas 3–4) vorheizen und eine flache Auflaufform fetten.

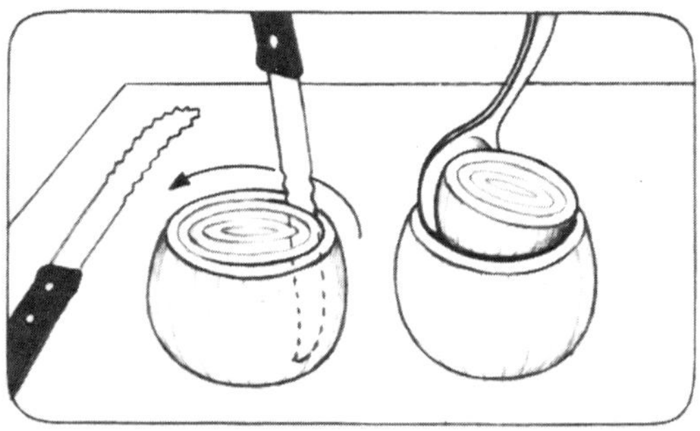

Zum Lockern des Zwiebelfleisches ein Grapefruitmesser verwenden. Das Fleisch mit einem scharfkantigen Löffel herauslösen.

• Die Zwiebeln bis auf 1–2 Schichten aushöhlen und auf einen Teller setzen. Von den herausgenommenen Schichten die größte »Hülle« abnehmen und zu den Zwiebeln auf den Teller setzen. Die restlichen Zwiebelschichten kleinschneiden und zu dem angedünsteten Lauch geben. Die Buchweizenmasse unterrühren. Drei Viertel des Käses und der Kräuter sowie die Eier in die Masse einrühren und alles noch einmal abschmecken. Die Füllung in die Zwiebelhülle füllen. Die restliche Masse auf den Boden der Form streichen und die gefüllten Zwiebeln daraufsetzen. Den restlichen Käse und das Gomasio auf die gefüllten Zwiebeln streuen und die restliche Butter in Stückchen daraufsetzen.
• Die Zwiebeln auf der mittleren Schiene des Backofens 20–25 Minuten backen, bis die Oberfläche goldbraun ist.
• Mit den restlichen Kräutern bestreut servieren.

Varianten: Sie können diese Füllung auch für Fleischtomaten oder Schmorgurken verwenden. Nehmen Sie dann außer dem Ausgehöhlten des jeweiligen Gemüses noch 1 Zwiebel zusätzlich, die Sie mit dem Lauch andünsten.

Ganz einfach · Schnell

Tomaten mit Kräuter-Knoblauchfüllung

Bild Umschlag-Vorderseite

Zutaten für 4 Personen:
8 kleine oder 4 große Tomaten (etwa 800 g) · 50 g Hafer, frisch geschrotet, ersatzweise Haferflocken · 6–8 Eßl. Vollkornbrösel · 50 g Hartkäse, frisch gerieben · 50 g Frischkäse · 1 Bund Petersilie, frisch gehackt · 1–2 Knoblauchzehen · Kräutersalz · Pfeffer, frisch gemahlen · 20 g Butter
Pro Portion etwa 1200 kJ/290 kcal
11 g Eiweiß · 14 g Fett · 30 g Kohlenhydrate · 7 g Ballaststoffe

Vorbereitungszeit: etwa 25 Minuten
Backzeit: 15–20 Minuten

• Die Tomaten waschen und an der Seite mit dem Strunkansatz einen Deckel abschneiden. Das Fruchtfleisch mit einem kleinen Löffel herauslösen, kleinschneiden und in eine Schüssel geben. Die Deckel ohne die Strunkansätze ebenfalls kleinschneiden und dazugeben. Den Haferschrot und etwa 5 Eßlöffel Vollkornbrösel einrühren und die Masse einige Minuten aufquellen lassen.
• Den Käse und drei Viertel der Petersilie dazugeben. Die Knoblauchzehen schälen, sehr fein schneiden oder durch die Presse drücken und dazugeben. Die Masse mit Salz und Pfeffer abschmecken. Wenn die Masse noch sehr weich ist, die restlichen Brösel dazugeben.
• Den Backofen auf 200° (Gas 2½–3) vorheizen und eine flache Auflaufform bereitstellen.
• Die Tomaten mit der Käsemasse füllen, nebeneinander in die Form setzen und auf jede Tomate ein kleines Butterstückchen setzen.
• Die Tomaten auf der mittleren Schiene des Backofens 15–20 Minuten backen.
• Mit der restlichen Petersilie garniert servieren.

Tip: Dieses Gericht schmeckt auch sehr gut mit Schafkäse und Basilikum.

Versteckte Hülsenfrüchte

Hülsenfruchtgerichte wie zum Beispiel mit Sojabohnen, Erbsen, Linsen und Nüssen liefern viel pflanzliches Eiweiß. Sie enthalten neben Vitaminen und Mineralstoffen viele lebensnotwendigen Eiweißbausteine und sind daher gerade für eine fleischfreie oder fleischarme Ernährungsweise unverzichtbar. Damit die harten Samen zu leckeren Gerichten verarbeitet werden können, brauchen sie Wasser zum Quellen und einige Zeit zum Kochen. Man muß für diese Gerichte in der Regel also etwas mehr Zeit aufwenden beziehungsweise rechtzeitig daran denken, die Hülsenfrüchte einzuweichen oder zum Kochen aufzusetzen. Sie werden staunen, welche raffinierten Gerichte man aus diesen unscheinbaren Samen zaubern kann!

Ganz einfach · Preiswert

Linsengratin mit Lauch und Sonnenblumenkernen

Für 4–6 Personen:
400 g Linsen · 1 Würfel Gemüsebrühe · Streuwürze · 1 Prise schwarzer Pfeffer, frisch gemahlen · 3–4 Eßl. Weißwein oder milder Obstessig · 100 g Sonnenblumenkerne · 750 g Lauch/Porree · 50 g Butter · Kräutersalz · 1 gestrichener Teel. Currypulver · 150–200 g mittelalter Gouda oder Emmentaler, frisch gerieben · 200 g Crème fraîche oder 20%ige saure Sahne
Zum Bestreuen: 1 Bund Schnittlauch, frisch geschnitten
Bei 4 Portionen etwa 4000 kJ/950 kcal
47 g Eiweiß · 50 g Fett · 76 g Kohlenhydrate · 40 g Ballaststoffe pro Person

Vorbereitungszeit: etwa 60 Minuten
Backzeit: 25–30 Minuten

- Die Linsen verlesen, waschen und mit 1 l kaltem Wasser zum Kochen bringen. Die Linsen dann bei mittlerer Hitze zugedeckt etwa 20 Minuten kochen. Den Deckel abnehmen, den Brühwürfel, Streuwürze, den Pfeffer und den Wein oder Essig einrühren und die Linsen weitere 10 Minuten offen köcheln lassen, damit die überschüssige Flüssigkeit verdunsten kann. Die Linsen sollen weich sein, aber nicht zerfallen.
- Inzwischen die Sonnenblumenkerne in einer Pfanne ohne Fett unter regelmäßigem Hin- und Herbewegen auf allen Seiten goldbraun rösten und beiseite stellen.
- Von dem Lauch die äußeren derben Blattspitzen und die Wurzeln abschneiden. Den Lauch längs durchschneiden und die einzelnen Hälften unter Aufklappen der Blätter unter fließendem Wasser gründlich waschen. Die beiden Lauchhälften in etwa 1 cm breite Streifen schneiden.
- Die Butter in einem flachen Topf aufschäumen lassen. Den Lauch hineingeben und zugedeckt bei mittlerer Hitze 3–5 Minuten dünsten. Mit Kräutersalz und dem Currypulver würzen.
- Den Backofen auf 200° (Gas 2½–3) vorheizen und eine flache Auflaufform bereitstellen.
- Den vorgedünsteten und gewürzten Lauch mit den Linsen, der Hälfte des Käses und der Hälfte der Crème fraîche mischen und die Masse in eine flache Auflaufform füllen. Den restlichen Käse mit den Sonnenblumenkernen mischen und über den Gratin streuen. Die restliche Crème fraîche mit etwas Wasser cremig rühren und löffelweise gleichmäßig auf den Zutaten verteilen.
- Den Gratin auf der mittleren Schiene in 25–30 Minuten goldbraun backen.
- Mit den Schnittlauchröllchen bestreut servieren.

Tip: In diesen Gratin passen auch sehr gut angebratene Champignons.

Raffiniert · Ganz einfach

Linsen-Currygratin

Zutaten für 4 Personen:
250 g Linsen · 1 gestrichener Teel. gekörnte Gemüsebrühe · Kräutersalz · 1–2 Teel. mildes Currypulver · 2–3 Eßl. Weißwein oder 1 Eßl. Zitronensaft · 100 g Cashewkerne oder Mandeln · 1 Teel. Öl · 1 große Zwiebel · 20 g Butter · 1 kleine Knoblauchzehe · 1 Stück Ingwerwurzel (etwa 1 cm) · 1 Ananas · 1 Apfel · 1 rote Paprikaschote · 3–5 schwarze Oliven (nach Belieben)
Für die Sauce: 30 g Butter · 40 g Weizen, feingemahlen · 200 ccm Linsenkochwasser und Wasser · 100 ccm Weißwein oder Wasser · 100–150 g Sahne · Streuwürze · 1–1½ Eßl. mildes Currypulver · Kräutersalz
Für die Form: Butter
Zum Bestreuen: 1 Eßl. Weizensprossen
Pro Portion etwa 3300 kJ/790 kcal
23 g Eiweiß · 39 g Fett · 81 g Kohlenhydrate · 14 g Ballaststoffe

Vorbereitungszeit: etwa 50 Minuten
Backzeit: 15–20 Minuten

- Die Linsen verlesen, waschen und mit etwa ½ l Wasser zum Kochen bringen. Dann die Linsen bei mittlerer Hitze zugedeckt etwa 20 Minuten kochen. Die Gemüsebrühe, Salz, das Currypulver und den Weißwein oder Zitronensaft einrühren und die Linsen weitere 10 Minuten offen kochen lassen. Die Linsen sollen weich sein, aber nicht zerfallen.
- Inzwischen die Cashewkerne grobhacken und in einer Pfanne mit dem Öl goldbraun rösten. Oder die Mandeln mit kochendem Wasser überbrühen, kurz darin ziehen lassen, abgießen, kalt abschrecken und die Haut abziehen. Die Mandeln grobhacken und ebenfalls rösten.
- Die Zwiebel schälen, abspülen, halbieren und würfeln. Die Butter in der Pfanne aufschäumen lassen, die Zwiebelstücke darin goldbraun rösten und zu den Linsen geben.
- Die Knoblauchzehe und die Ingwerwurzel schälen, sehr fein schneiden und zu den gekochten Linsen geben.

Frische Ingwerwurzel wird geschält und das faserige Fruchtfleisch gerieben oder kleingeschnitten.

- Die Ananas abwaschen, trocknen und längs halbieren. Mit einem kleinen Messer etwa 1 cm vom Rand entfernt ringsum einschneiden, dann das saftige Fruchtfleisch mit dem Messer oder einem kleinen Löffel herauslösen und 300–400 g davon zu den Linsen geben. Den Strunk nur verwenden, wenn er nicht holzig ist.
- Den Apfel waschen, vierteln, vom Kernhaus befreien und in kleine Würfel schneiden. Die Paprikaschote waschen, den Stielansatz und die Samen entfernen und die Schote in kleine Streifen oder Stücke schneiden. Nach Belieben die Oliven entsteinen und in sehr feine Stückchen schneiden. Die Apfelwürfel, die Paprika-, die Olivenstücke und drei Viertel der Nüsse ebenfalls zu den Linsen geben. Eine flache Auflaufform fetten und die Linsenmasse hineingeben.
- Den Backofen auf 200° (Gas 2½–3) vorheizen.
- Für die Sauce die Butter aufschäumen las-

sen, das Mehl dazugeben und bei mittlerer Hitze unter Rühren kurz anschwitzen. Dann den Topf vom Herd nehmen, das Wasser, den Wein und die Sahne einrühren. Den Topf wieder auf den Herd zurückstellen und die Sauce unter Rühren leicht eindicken. Streuwürze, das Currypulver und Kräutersalz einrühren. Die Sauce über die eingeschichteten Zutaten gießen.
• Den Gratin auf der mittleren Schiene des Backofens 15–20 Minuten backen, bis die Masse köchelt.
• Mit den restlichen Nüssen und den Weizensprossen bestreut servieren.

Tip: Linsen und Erbsen muß man nur vorher einweichen, wenn sie länger als ein Jahr gelagert wurden. Frische Linsen, die man an der glatten Oberfläche und der hellen Farbe erkennt, sind in der Regel in 30–45 Minuten weich gekocht. Damit die Linsen in dieser kurzen Garzeit weich werden, ist es wichtig, daß man Salz und Säure erst gegen Ende der Garzeit dazugibt. Wenn Sie sehr hartes Wasser haben, sollten Sie zum Kochen von Hülsenfrüchten vorher abgekochtes oder gefiltertes Wasser verwenden, da sich bei Verwendung von kalkhaltigem Wasser die Garzeit verlängern würde.

Preiswert · Braucht etwas Zeit

Sojabohnen-Erbsenauflauf mit buntem Gemüse

Zutaten für 4–5 Personen:
150 g getrocknete Erbsen · ¾ l Wasser · 150 g Sojaschrot · 1 große Zwiebel · 50 g Butter · 100 g Champignons · 50 g Sonnenblumenkerne · 1 gestrichener Teel. gekörnte Gemüsebrühe · Kräutersalz · ½ Teel. Currypulver · 1 Teel. getrockneter Majoran · 2 Eßl. Petersilie, frisch gehackt · 1–2 Eßl. Sojasauce · 40 g Weizen, feingemahlen · 2–3 Eßl. Sojamehl · etwa 60 g Sahne · 1 kleine rote Paprikaschote · 1 kleine grüne Paprikaschote · 1–2 Knoblauchzehen · 100 g frische ausgepalte Erbsen
Für die Form: Butter
Zum Bestreuen: 1 Eßl. Petersilie, frisch gehackt
Bei 4 Portionen etwa 2700 kJ/640 kcal
34 g Eiweiß · 31 g Fett · 55 g Kohlenhydrate · 6 g Ballaststoffe pro Person

Vorbereitungszeit einschließlich Kochzeit der Erbsen: etwa 2 Stunden
Backzeit: 25–35 Minuten

• Die Erbsen verlesen und in einem Sieb abspülen. In dem Wasser etwa 1 Stunde kochen lassen. Den Sojaschrot dazugeben, eventuell noch etwas Wasser hinzufügen und alles noch etwa 15 Minuten kochen. Das Wasser sollte dann aufgesogen sein. Wenn nicht, überschüssiges Wasser abgießen.
• Inzwischen die Zwiebel schälen, halbieren und feinwürfeln. Die Hälfte der Butter in einer Pfanne aufschäumen lassen, die Zwiebel darin anbräunen und dann auf einen Teller legen.
• Die Pilze unter fließendem Wasser abspülen, wenn nötig, noch etwas nachputzen, und in ½–1 cm große Stücke schneiden. Die Hälfte der restlichen Butter in die Pfanne geben, erhitzen und die Pilze darin bei anfangs starker Hitze leicht anbräunen.
• Die Sonnenblumenkerne feinmahlen. Die Erbsen und den Sojaschrot mit einem Mixstab pürieren. Alle Gewürze und Kräuter, die Hälfte der Sonnenblumenkerne, die Sojasauce sowie das Weizen- und Sojamehl einrühren. So viel Sahne dazugeben, daß die Masse geschmeidig, aber nicht zu weich wird.
• Den Backofen auf 200° (Gas 2½–3) vorhei-

zen und eine flache oder hohe Auflaufform fetten.

- Die Paprikaschoten waschen, den Stengelansatz und die Samen entfernen und die Schoten in 1 cm große Stücke schneiden. Die Knoblauchzehen schälen und sehr fein hacken. Mit den Paprikawürfeln, den Erbsen, der Zwiebel und den Pilzen in die Erbsenmasse einrühren und alles noch einmal abschmecken. Die Mischung in die Form streichen, mit den restlichen Sonnenblumenkernen bestreuen und die restliche Butter in Stückchen daraufsetzen.
- Den Auflauf auf der mittleren Schiene des Backofens 25-35 Minuten backen, bis sich die Ränder bräunen.
- Mit der Petersilie bestreut servieren.

Tip: Sie können anstelle der geschroteten Sojabohnen natürlich auch ganze gelbe Sojabohnen verwenden. Diese müssen jedoch am Vorabend eingeweicht, dann abgespült und mit frischem Wasser in etwa 2 Stunden weich gekocht werden. Im Schnellkochtopf beträgt die Garzeit nur etwa 25 Minuten.

Preiswert · Raffiniert

Gratinierte Erbsenklößchen mit Gemüse

Dieses Gericht zeigt, daß man mit Trockenerbsen auch »feine Küche« machen kann.

Zutaten für 4 Personen:
300 g getrocknete grüne Erbsen · Kräutersalz · Streuwürze · schwarzer Pfeffer, frisch gemahlen · 1-1½ Teel. getrockneter Majoran · 20 g Weizen oder Grünkern, feingemahlen · 20 g Butter · 300 g Möhren · 200 g Knollensellerie · 1 mittelgroße Stange Lauch/Porree (etwa 400 g) · 1 gestrichener Teel. gekörnte Gemüsebrühe · ½ Teel. Currypulver · Muskatnuß, frisch gerieben · ½ Bund Petersilie, frisch gehackt · 150 g Crème fraîche oder 20%ige saure Sahne · 100 g Greyerzer oder Emmentaler, frisch gerieben
Für die Form: Butter

Pro Portion etwa 2200 kJ/520 kcal
28 g Eiweiß · 19 g Fett · 61 g Kohlenhydrate · 13 g Ballaststoffe

Vorbereitungszeit einschließlich Kochzeit der Erbsen: etwa 2½ Stunden
Backzeit: 15-20 Minuten

- Die Erbsen verlesen, waschen und in etwa 1½ l kaltem Wasser zum Kochen bringen. Zugedeckt bei schwacher Hitze in etwa 2 Stunden weich kochen, bis sie zerfallen.
- Das Kochwasser abgießen und aufheben. Kräutersalz, Streuwürze, Pfeffer und den Majoran zu den Erbsen geben und mit dem Mixstab pürieren. Das Weizen- oder Grünkernmehl einrühren. Die Butter dazugeben und die Masse noch einmal abschmecken. Das Erbsenpüree zum Abkühlen beiseite stellen.
- Die Möhren waschen, bürsten oder dünn schälen und in etwa ½ cm große Würfel schneiden. Den Sellerie waschen, gründlich schälen und ebenfalls in ½ cm große Würfel schneiden. Die Gemüsewürfel in einem dicht schließenden Topf mit etwa 1 Tasse des aufgefangenen Erbsenkochwassers in 8-10 Minuten nicht ganz weich garen.
- Inzwischen von dem Lauch die derben dunkelgrünen Blattspitzen und die Wurzeln abschneiden. Den Lauch längs durchschneiden. Die einzelnen Hälften unter Aufklappen der Blätter unter fließendem Wasser gründlich waschen. Die Lauchhälften in etwa ½ cm breite Streifen schneiden, zu den vorgegarten Möhren- und Selleriewürfeln geben und etwa 3 Minuten mit-

dünsten. Mit der Gemüsebrühe, dem Curry und Muskat würzen. Zwei Drittel der Petersilie und die Crème fraîche oder saure Sahne unterrühren.

- Den Backofen auf 200° (Gas 2½–3) vorheizen und eine flache Auflaufform fetten.
- Die Hälfte des Gemüses auf den Boden der Form geben. Mit einem in Wasser getauchten Eßlöffel kleine ovale Klößchen aus der Erbsenpüreemasse abstechen und mit etwas Abstand gleichmäßig verteilt in die Form setzen. Das restliche Gemüse zwischen den Klößchen verteilen und den Käse darüberstreuen.
- Die Klößchen auf der mittleren Schiene des Backofens 15–20 Minuten überbacken, bis der Käse zerlaufen ist.
- Mit der restlichen Petersilie bestreut servieren.

Tip: Wenn Sie die Erbsen am Abend vorher einweichen, verkürzt sich die Garzeit etwa um die Hälfte. Auch kann man die Erbsen schon am Tag zuvor kochen.

Raffiniert · Ganz einfach

Sojasprossengratin mit Kartoffeln und Senfsauce

Zutaten für 4–5 Personen:
700 g festkochende Kartoffeln · etwa 300 g Mungobohnensprossen · 300 g Möhren · 2 große Zwiebeln · 40 g Butter · 1–2 Knoblauchzehen · Kräutersalz · Streuwürze · 1 Teel. Honig · je 1 Prise weißer Pfeffer und Koriander, frisch gemahlen oder zerstoßen · 100 g Crème fraîche · 100 g Sahne · 1–2 Eßl. Senf · 1–2 Eßl. Weizen, feingemahlen oder Sojamehl, vollfett · 1 Kästchen Gartenkresse

Bei 4 Portionen etwa 1800 kJ/430 kcal
10 g Eiweiß · 25 g Fett · 42 g Kohlenhydrate · 5 g Ballaststoffe pro Person

Vorbereitungszeit: etwa 40 Minuten
Backzeit: 15–20 Minuten

- Die Kartoffeln waschen und mit der Schale in wenig Wasser garen. Dann abgießen und auskühlen lassen.
- Inzwischen die Mungobohnensprossen verlesen und abspülen. Die Möhren gründlich bürsten oder dünn schälen, halbieren und in etwa 3 mm dicke Stifte schneiden. Die Zwiebeln schälen, abspülen, halbieren und feinwürfeln.
- Die Butter in einem flachen Topf aufschäumen lassen und die Zwiebeln darin bei mittlerer Hitze goldbraun braten. Die Möhrenstifte dazugeben und unter Zugabe von ½–1 Tasse Wasser 4–5 Minuten zugedeckt dünsten. Die Knoblauchzehen schälen, sehr fein schneiden oder durch eine Knoblauchpresse drücken, mit den Mungobohnensprossen und den Gewürzen zu den Möhren geben und 1–2 Minuten leicht kochen lassen. Dann beiseite stellen.
- Die Kartoffeln schälen und längs vierteln.
- Den Backofen auf 200° (Gas 2½–3) vorheizen und eine flache Auflaufform bereitstellen.
- Das Gemüse abwechselnd mit den Kartoffelstücken in die Form schichten.
- Die Crème fraîche mit der Sahne, dem Senf und dem Weizen- oder Sojamehl zu einer sämigen Sauce verrühren und diese gleichmäßig über die Zutaten gießen.
- Den Gratin auf der mittleren Schiene des Backofens 15–20 Minuten überbacken.
- Die Kresse noch im »Beet« stehend abspülen, abtropfen lassen und mit einer Schere oder einem scharfen Messer abschneiden. Den fertigen Gratin mit der Kresse bestreut servieren.

Quiches in Varianten

Quiches sind ursprünglich pikante Blätterteigkuchen, mit einem schlichten Belag aus Eiern, Sahne oder Speck. Sie gaben mir die Idee zu den Gemüse- oder Käsekuchen, die im Grunde nichts anderes sind als ein Gemüseauflauf, eingebettet in einen knusprigen Teig.
Anstelle des aufwendig herzustellenden Blätterteiges eignen sich für die verschiedenen Quiches oder Gemüsekuchen gleichermaßen gut ein Hefeteig, ein Mürbeteig oder ein Quarkmürbeteig. Wählen Sie aus nach der Zeit, die Sie zur Verfügung haben oder nach Geschmack. In den Rezepten habe ich jeweils den Teig angegeben, den ich für das Rezept am liebsten mag.
Diese deftigen kuchenartigen Aufläufe mit Käse und/oder Gemüse können ein vollständiges Abendessen sein, natürlich wieder mit einem Salat als Vorspeise. Sie sind aber auch sehr gut für kleine Einladungen geeignet, da sie gut zu einem Gläschen Wein oder Bier als kleiner Imbiß passen. Kalt schmecken diese Kuchen auf einem kalten Buffet oder als kleine Mittagsmahlzeit im Büro, die nur noch zum Beispiel durch einen Apfel zu einer kleinen vollwertigen Mahlzeit ergänzt werden kann.

Kalt als Büromahlzeit geeignet · Ganz einfach

Quiche Lorraine

Diese Art Käseauflauf liebt man vor allem im Elsaß und in der Schweiz, wo man viele Varianten, mit unterschiedlichen Käsesorten zubereitet, finden kann. Probieren Sie einfach aus, mit welcher Käsesorte Ihnen dieser Käseauflauf am besten schmeckt. Und wenn Sie einmal nur noch Käsereste zu Hause haben, so gibt es wieder eine neue Variante.

Zutaten für eine Spring- oder Quicheform von 26 cm Ø:
Für den Quarkmürbeteig: 200 g Weizen, feingemahlen · 100 g kühle Butter · 100 g Quark · 1 gestrichener Teel. Salz
Für den Belag: 3–4 Eier · 250 g Sahne oder Crème fraîche · 1 Prise Muskatnuß, frisch gerieben · 1 Prise weißer Pfeffer, frisch gemahlen · 150–200 g Hartkäse, frisch gerieben (zum Beispiel Emmentaler, Greyerzer und/oder Appenzeller)
Für die Form: Butter
Bei 8 Stücken etwa 1700 kJ/400 kcal
14 g Eiweiß · 31 g Fett · 17 g Kohlenhydrate · 2 g Ballaststoffe pro Stück

Vorbereitungszeit: etwa 45 Minuten
Backzeit: 30–35 Minuten

- Für den Teig das Weizenmehl in eine Rührschüssel geben. Die Butter in Stückchen daraufsetzen. Den Quark und das Salz dazugeben und alles mit dem Rührgerät zu einem Teig verarbeiten. Den Teig mindestens 20 Minuten an einem kühlen Ort ruhen lassen.
- Den Backofen auf 200° (Gas 2½–3) vorheizen.
- Die Form leicht fetten und den Teig darin mit den Fingern zu einem gleichmäßigen Boden ausdrücken und einen etwa 2–3 cm breiten Rand hochziehen. Den Boden mehrmals mit einer Gabel einstechen und auf der mittleren Schiene des Ofens 10 Minuten vorbacken.
- Inzwischen für den Belag die Eier und die Sahne oder Crème fraîche verquirlen. Die Gewürze und den Käse einrühren.
- Die Form aus dem Ofen nehmen, die Käsemasse auf den Teig gießen und sofort wieder in den Backofen schieben.
- Den Käsekuchen 20–25 Minuten backen, bis die Masse gestockt und die Oberfläche hell bis goldbraun ist.

Quiches in Varianten

Tip: Für diese Käsequiche eignet sich auch sehr gut ein Hefeteig (Rezept unten). Bei diesem Rezept können Sie auch sehr gut verschiedene Kästereste verarbeiten. Weichkäsereste, die man nicht reiben kann, schneidet man dann in kleine Stücke. Wenn Sie weniger Eier verwenden wollen, ersetzen Sie 1 oder 2 Eier jeweils durch 1 Eßlöffel vollfettes Sojamehl.

Varianten: Durch die Zugabe verschiedener Gemüse läßt sich dieser Käseauflauf ganz einfach abwandeln. Das Gemüse wird vorbereitet und einfach vor der Zugabe der Käsemasse auf den Teigboden gelegt. Für Zwiebelquiche 200 g Frühlings- oder Gemüsezwiebeln in etwas Butter glasig dünsten. Für Spinat- oder Mangoldquiche 250 g Spinat oder Mangold putzen, waschen und in 1 Tasse Wasser 4–5 Minuten vorgaren. Für Wirsing-, Broccoli- oder Blumenkohlquiche 200 g Wirsing, Broccoli oder Blumenkohl nach dem Putzen in Stücke oder Röschen zerteilen und in wenig Wasser 5–7 Minuten vorgaren.

Preiswert · Kalt als Büromahlzeit geeignet

Lauchkuchen

Zutaten für eine Spring- oder Quicheform von 26 cm ∅:
Für den Hefeteig: 150 ccm lauwarmes Wasser · 10 g frische Hefe · 1 gestrichener Teel. Salz · 200 g Weizen, feingemahlen · 20 g weiche Butter
Für den Belag: 750 g Lauch/Porree · 40 g Butter · 3 Eßl. Weißwein oder Wasser · Kräutersalz · ½ Teel. gekörnte Gemüsebrühe · 1 gestrichener Teel. Currypulver · 1 Bund Petersilie, frisch gehackt · 3 Eßl. Tomatenketchup (Reformhaus)
Für den Guß: 2 Eier · 100 g Crème fraîche oder 20%ige saure Sahne · 1–2 Eßl. Hefeflocken · 100 g Emmentaler, frisch gerieben

Bei 8 Stücken etwa 1100 kJ/260 kcal
11 g Eiweiß · 12 g Fett · 23 g Kohlenhydrate · 13 g Ballaststoffe pro Stück

Vorbereitungszeit: etwa 40 Minuten
Backzeit: 30–35 Minuten

- Für den Teig das Wasser, die Hefe und das Salz in einer mittelgroßen Rührschüssel verrühren. Das Weizenmehl dazugeben und unterrühren. Die Butter hinzufügen und alles mit den Knethaken des Rührgeräts oder von Hand zu einem geschmeidigen Teig verkneten, bis er sich von der Schüssel löst. Sollte er zu fest sein, noch 1–2 Eßlöffel Wasser dazugeben. Sollte er zu klebrig sein, noch 1–2 Eßlöffel Mehl einarbeiten. Den Teig zugedeckt etwa 20 Minuten gehen lassen, bis er etwas aufgegangen ist und sich weich anfühlt.
- Inzwischen von dem Lauch die ledrigen Blattspitzen und die Wurzeln abschneiden. Die Lauchstangen längs durchschneiden, und die einzelnen Blätter unter Aufklappen gründlich waschen. Den Lauch in etwa 1 cm breite Streifen schneiden.
- Die Butter in einem Topf erhitzen, die Lauchstreifen mit dem Wasser oder dem Wein dazugeben und in 3–5 Minuten halbweich dünsten. Die Flüssigkeit sollte dann verdampft sein. Die Gewürze und die Petersilie einrühren und den Topf beiseite stellen.
- Die Form fetten, den gegangenen Teig kurz zusammenkneten und in der Form gleichmäßig mit den Fingern auseinanderdrücken. Dabei einen etwa 3 cm breiten Rand hochziehen.
- Den Backofen auf 50° (Gas ½) einstellen und den Teig in der Form noch etwa 5 Minuten gehen lassen.

- Inzwischen für den Guß die Eier, die Crème fraîche oder saure Sahne, die Hefeflocken und den Käse verrühren.
- Die Form aus dem Backofen nehmen und den Backofen auf 200° (Gas 2½–3) vorheizen.
- Den Ketchup auf dem Teigboden verstreichen. Die Lauchmasse hineingeben und den Guß darübergießen. Mit einem Löffel leicht und vorsichtig etwas in die Lauchmasse einrühren.
- Die Form auf die mittlere Schiene in den Backofen stellen und den Lauchkuchen 30–35 Minuten backen, bis die Oberfläche goldbraun und die Masse gestockt ist.
- Den Lauchkuchen noch warm servieren.

Tip: Durch Bestreuen mit gerösteten Sonnenblumenkernen, Erdnüssen oder Cashewnüssen bekommt dieser Kuchen eine besondere Note!

Kalt als Büromahlzeit geeignet · Raffiniert

Champignonquiche

Zutaten für eine Spring- oder Quicheform von 26 cm ∅:
Für den Mürbeteig: 250 g Weizen, feingemahlen · 1 gestrichener Teel. Salz · 125 g kühle Butter · 3–4 Eßl. Weißwein oder Wasser
Für den Belag: 500 g Champignons · 1 mittelgroße Zwiebel · 1 kleine Stange Lauch/Porree (etwa 150 g) · 2 Eßl. Olivenöl · 20 g Butter · ½ Teel. Fenchelsamen
Für den Guß: 2 Eier · 200 g Crème fraîche oder 20%ige saure Sahne · Kräutersalz · 1 Prise schwarzer Pfeffer, frisch gemahlen · 50–100 g Hartkäse, frisch gerieben · 1 Bund Schnittlauch, frisch geschnitten · 5–6 schwarze Oliven
Für die Form: Butter

Bei 8 Stücken etwa 2000 kJ/480 kcal
12 g Eiweiß · 36 g Fett · 25 g Kohlenhydrate · 9 g Ballaststoffe pro Stück

Vorbereitungszeit: etwa 1 Stunde
Backzeit: 30–35 Minuten

- Für den Teig das Weizenmehl und das Salz in eine Rührschüssel oder auf die Arbeitsplatte geben. Die Butter in Stückchen daraufsetzen und mit dem Rührgerät oder den Händen verkrümeln. Den Wein oder das Wasser dazugeben und alles zu einem geschmeidigen Teig verkneten. Den Teig 20 Minuten kühl ruhen lassen.
- Inzwischen für den Belag die Champignons unter fließendem Wasser abreiben, wenn nötig, unschöne Stellen abschneiden, und die Pilze in 3–5 mm dünne Scheiben schneiden.
- Die Zwiebel schälen, abspülen, halbieren und in feine Streifen oder Würfel schneiden. Von dem Lauch die ledrigen unschönen Blattenden und die Wurzeln abschneiden und die Stange längs durchschneiden. Die einzelnen Blätter unter Aufklappen unter fließendem Wasser waschen und in ½ cm breite Streifen schneiden.
- Den Backofen auf 200° (Gas 2½–3) vorheizen.
- Das Olivenöl in einer Pfanne erhitzen und die Zwiebeln darin leicht anbräunen. Die Lauchstreifen dazugeben und 2–3 Minuten mitdünsten.
- Die Form leicht fetten und den Teig darin mit den Fingern zu einem gleichmäßigen Boden ausdrücken, dabei einen etwa 3 cm hohen Rand hochziehen. Den Boden mehrmals mit einer Gabel einstechen und auf der mittleren Schiene des Backofens etwa 10 Minuten vorbacken.
- Die Butter in einer Pfanne erhitzen, die Fenchelsamen dazugeben und etwa ½ Minute braten. Dann die Pilze dazugeben und bei anfangs starker Hitze in 3–4 Minuten anbräunen. Die Zwiebel-Lauchmischung zu den angebratenen Champignons geben und unterrühren.

• Für den Guß die Eier und die Crème fraîche oder saure Sahne verquirlen. Die Gewürze, den Käse und den Schnittlauch bis auf einen kleinen Rest dazugeben. Die Oliven entsteinen, in kleine Stücke schneiden und unterrühren.
• Die Form aus dem Backofen nehmen. Die Champignon-Gemüsemischung auf den Teig geben, den Guß darübergießen und leicht mit einem Löffel oder einer Gabel einrühren.
• Die Form wieder in den Backofen stellen und die Quiche noch 20–25 Minuten backen, bis die Masse gestockt ist.
• Mit dem restlichen Schnittlauch bestreuen und servieren.

Tip: Für den Mürbeteig oder Quarkmürbeteig soll die Butter nicht zu hart sein, damit man sie gut verkneten kann. Sie soll also nicht direkt aus dem Kühlschrank kommen, darf aber auch noch nicht zu weich sein.

Ganz einfach · Kalt als Büromahlzeit geeignet

Bunte Gemüsequiche

Bild 2. Umschlagseite

Zutaten für eine Spring- oder Quicheform von 26 cm ∅:
Für den Quarkmürbeteig: 200 g Weizen, feingemahlen · 100 g kühle Butter · 100 g Quark · 1 gestrichener Teel. Salz
Für den Belag: etwa 700 g gemischtes Gemüse wie zum Beispiel Möhren, Sellerie, Erbsen und Lauch/Porree · 2 mittelgroße Zwiebeln · 2–3 Eßl. Sonnenblumen- oder Olivenöl · ½ Tasse Wasser · 4–5 Eßl. gemischte Kräuter (zum Beispiel Petersilie, Schnittlauch, Basilikum und Ysop), frisch gehackt
Für den Guß: 2 Eier · 200 g Crème fraîche oder saure Sahne · 1 Eßl. Sojamehl, vollfett · 100 g Emmentaler, Appenzeller oder Gouda, frisch gerieben · Kräutersalz · ½ Teel. gekörnte Gemüsebrühe
Für die Form: Butter
Bei 8 Stücken etwa 1800 kJ/430 kcal
14 g Eiweiß · 28 g Fett · 27 g Kohlenhydrate · 8 g Ballaststoffe pro Stück

Vorbereitungszeit: etwa 1 Stunde
Backzeit: 30–35 Minuten

• Für den Teig das Weizenmehl in eine Rührschüssel geben. Die Butter in Stückchen daraufsetzen und mit dem Rührgerät verkrümeln. Den Quark und das Salz unterkneten. Den Teig mindestens 20 Minuten kühl ruhen lassen.
• Inzwischen das Gemüse waschen, putzen und in etwa ½ cm kleine Würfel oder Streifen schneiden. Dabei die härteren Sorten wie zum Beispiel Möhren oder Sellerie nicht mit den weichen Sorten vermischen.
• Den Backofen auf 200° (Gas 2½–3) vorheizen.
• Die Zwiebeln schälen, abspülen, halbieren und feinwürfeln. Das Öl erhitzen und die Zwiebeln darin leicht anbräunen. Dann zuerst die harten Gemüsesorten (Möhren und Sellerie) dazugeben, das Wasser hinzufügen und das Gemüse zugedeckt bei mittlerer Hitze in 7–10 Minuten nicht ganz weich dünsten.
• Inzwischen die Form leicht fetten und den Teig darin mit den Fingern zu einem gleichmäßigen Boden ausdrücken. Dabei einen etwa 3 cm breiten Rand hochziehen. Den Boden mehrmals mit einer Gabel einstechen und auf der mittleren Schiene des Backofens etwa 10 Minuten vorbacken.
• Jetzt die weichen Gemüsesorten (Lauch, Erbsen) zu dem anderen Gemüse in den Topf geben und 2–3 Minuten mitgaren lassen. Die Kräuter dazugeben.

• Für den Guß die Eier, die Crème fraîche oder saure Sahne, das Sojamehl, den Käse, Salz und die Gemüsebrühe verrühren.
• Die Form aus dem Backofen nehmen, die Gemüsemischung auf den Teig geben und den Guß darübergießen. Dabei den Guß mit einem Löffel oder einer Gabel leicht in die Gemüsemasse einrühren.
• Die Form wieder in den Backofen stellen und die Quiche 20-25 Minuten backen, bis die Masse gestockt und die Oberfläche goldgelb ist.

Variante: Gemüsequiche mit südlichen Gemüsesorten
Für den Belag Zucchini, Auberginen, Paprikaschoten und Tomaten vorbereiten. Als Kräuter passen dann Oregano und Thymian besonders gut. Die Quiche wie oben beschrieben backen.

Tip: Quiches werden meist ofenwarm serviert. Sie können sie in der Form lassen, wenn diese dekorativ aussieht. Wenn sie dagegen in einer Springform gebacken wurden, sollten Sie die Kuchen aus der Form nehmen und im Ganzen oder vorgeschnitten auf einer Platte servieren. Diese herzhaften Kuchen passen sehr gut auf ein kaltes Buffet, da sie auch kalt sehr gut schmecken!

Preiswert · Kalt als Büromahlzeit geeignet

Zwiebelkuchen mit Pilzen

Diese Zwiebelkuchenvariante entstand, weil ich mich nicht entscheiden konnte, ob ich lieber einen Zwiebelkuchen oder aber eine Champignonquiche backen sollte. Ich kombinierte ganz einfach beides. Das Ergebnis hat uns so gut geschmeckt, daß wir diese Variante beibehalten haben.

Zutaten für eine Spring- oder Quicheform von 26 cm ∅:
Für den Hefeteig: 150 ccm lauwarmes Wasser · 10 g frische Hefe · 1 gestrichener Teel. Meersalz · 200 g Weizen, feingemahlen · 20 g weiche Butter oder Sonnenblumenöl
Für den Belag: 600 g Zwiebeln · 2 Eßl. Sonnenblumenöl · 200 g Champignons · 50 g Butter
Für den Guß: 100 g Crème fraîche oder 20%ige saure Sahne · 3 Eßl. süße Sahne · 1 Ei · Kräutersalz · ½ Teel. Streuwürze · ¼ Teel. Currypulver · ½ Teel. gekörnte Gemüsebrühe · ½ Teel. Kümmelkörner
Für die Form: Butter
Bei 8 Stücken etwa 1300 kJ/310 kcal
6 g Eiweiß · 20 g Fett · 23 g Kohlenhydrate · 4 g Ballaststoffe pro Stück

Vorbereitungszeit: etwa 40 Minuten
Backzeit: 25-30 Minuten

• Für den Teig das Wasser, die Hefe und das Salz in einer Rührschüssel verrühren. Das Weizenmehl dazugeben und unterrühren. Die Butter oder das Öl hinzufügen und alles mit den Knethaken des Rührgeräts oder von Hand zu einem geschmeidigen Teig verkneten, bis er sich von der Schüssel löst. Sollte er zu fest sein, noch 1-2 Eßlöffel Wasser dazugeben. Sollte er zu klebrig sein, noch 1-2 Eßlöffel Mehl einarbeiten. Den Teig zugedeckt etwa 20 Minuten gehen lassen, bis er sich weich anfühlt.
• Inzwischen für den Belag die Zwiebeln schälen, kurz abspülen und auf einem Gemüsehobel in 2-3 mm feine Ringe schneiden. Das Öl in einer großen Pfanne erhitzen und die Zwiebeln darin bei mittlerer Hitze in 5-7 Minuten hellbraun und glasig braten.
• Die Pilze unter fließendem Wasser abreiben, wenn nötig, unschöne Stellen und die Stielenden abschneiden, und die Champignons in

etwa ½ cm dünne Scheiben schneiden. In einer zweiten Pfanne die Hälfte der Butter erhitzen und die Pilze darin bei starker Hitze in 2-3 Minuten braun anbraten und beiseite stellen.

- Den gegangenen Teig kurz zusammenkneten und in der Form mit den Fingern gleichmäßig auseinanderdrücken, dabei einen etwa 3 cm breiten Rand hochziehen.
- Den Backofen auf 50° (Gas ½) einstellen, die Form hineinstellen und den Teig etwa 5 Minuten gehen lassen.
- Inzwischen für den Guß die Crème fraîche oder saure Sahne und die süße Sahne, das Ei und die Gewürze verrühren und über die Zwiebeln gießen. Die Champignons ebenfalls dazugeben und alles vermischen.
- Die Form aus dem Backofen nehmen und den Backofen auf 200° (Gas 2½-3) vorheizen.
- Die Zwiebel-Champignonmasse auf den gegangenen Teigboden geben und die restliche Butter in Stückchen darauf verteilen.
- Die Form auf die mittlere Schiene in den Backofen stellen und den Zwiebelkuchen 25-30 Minuten goldbraun backen.

Tip: Wenn Sie eine größere Menge Zwiebelkuchen möchten, verdoppeln Sie das Rezept und backen Sie den Kuchen auf einem Blech. Sie können den Geschmack noch etwas verfeinern, wenn Sie die Zwiebeln in 2-3 Eßlöffeln Weißwein andünsten.

Kalt als Büromahlzeit geeignet · Für Gäste

Bunte Pizza

Das ist die italienische Variante des Gemüsekuchens, ein Auflauf mit Teig auf den zum Beispiel Tomaten, Zwiebeln, Pilze oder anderes Gemüse der Saison geschichtet werden können. Oregano und Thymian verleihen den typischen Geschmack, und abgerundet wird das Ganze durch die üppige Käseschicht.

Zutaten für eine Spring- oder Pizzaform von 26 cm ∅:
Für den Hefeteig: 150 ccm lauwarmes Wasser · 10 g frische Hefe · 1 Teel. Salz · 200 g Weizen, feingemahlen · 1 Eßl. Olivenöl
Für den Belag: 1 große Zwiebel · Kräutersalz · 150 g Champignons · 3-4 Eßl. Olivenöl · 250 g möglichst große Tomaten oder Fleischtomaten · ½-1 Paprikaschote · je 1 Teel. getrockneter Oregano und Thymian · schwarzer Pfeffer, frisch gemahlen · 50 g Sojapastete (Reformhaus oder Naturkostladen) · etwa 8 schwarze Oliven · 150-200 g Parmesan und Emmentaler gemischt, frisch gerieben
Für die Form: Olivenöl
Bei 8 Stücken etwa 1400 kJ/330 kcal
12 g Eiweiß · 21 g Fett · 19 g Kohlenhydrate · 5 g Ballaststoffe pro Stück
Vorbereitungszeit: etwa 50 Minuten
Backzeit: 20-25 Minuten

- Für den Teig das Wasser, die Hefe und das Salz in einer mittelgroßen Rührschüssel verrühren. Das Weizenmehl dazugeben und unterrühren. Das Öl hinzufügen und alles mit den Knethaken des Rührgerätes oder von Hand zu einem geschmeidigen Teig verkneten, bis er sich von der Schüssel löst. Sollte er zu fest sein, noch 1-2 Eßlöffel Wasser dazugeben. Sollte er zu klebrig sein, noch 1-2 Eßlöffel Mehl einarbeiten. Den Teig zugedeckt etwa 20 Minuten gehen lassen, bis er etwas aufgegangen ist und sich weich anfühlt.
- Inzwischen für den Belag die Zwiebel schälen, kurz abspülen, in feine Ringe schneiden, in eine kleine Schüssel geben, mit etwas Kräutersalz vermischen und zugedeckt etwa 15 Minu-

ten ziehen lassen. Die Zwiebel wird dadurch weicher und ist schneller gar.

- Die Champignons unter fließendem Wasser abreiben, wenn nötig, mit dem Messer noch etwas nachputzen, und in ½ cm dicke Scheiben schneiden. 1 Eßlöffel Olivenöl erhitzen und die Pilze darin bei starker Hitze in 3-4 Minuten braun anbraten und anschließend beiseite stellen.
- Die Tomaten waschen und in ½ cm dicke Scheiben schneiden, dabei den Strunkansatz entfernen.
- Den gegangenen Teig kurz zusammenkneten. Die Form fetten, den Teig hineinlegen und mit den Fingern zu einer gleichmäßigen Platte ausdrücken. Dabei einen Rand von etwa 2 cm hochziehen.
- Den Backofen auf 50° (Gas ½) einstellen und den Teig in der Form darin etwa 5 Minuten gehen lassen.
- Inzwischen die Paprikaschote waschen, eventuell halbieren, die Kerne entfernen und die Schote in etwa ½ cm breite Streifen schneiden.
- Die Form aus dem Backofen nehmen und den Ofen auf 225° (Gas 3-4) vorheizen.
- 1 Eßlöffel Olivenöl auf dem Teigboden verstreichen. Die Tomatenscheiben darauf verteilen, mit der Hälfte der Kräuter würzen, etwas Pfeffer und Salz darüberstreuen. Die geschnittene Paprikaschote, die Pilze und die Zwiebelringe darauf verteilen. Die Sojapastete in Stückchen daraufsetzen. Die Oliven auf der Pizza verteilen und das restliche Olivenöl und die restlichen Kräuter darübergeben. Zum Schluß den Käse auf dem Belag verteilen.
- Die Pizza auf der unteren oder mittleren Schiene des Backofens 20-25 Minuten backen, bis der Käse leicht gebräunt und der Teig knusprig braun ist.
- Die Pizza in 8 Portionsstücke schneiden und sofort servieren.

Tip: Die angegebene Menge reicht für den kleinen Hunger für 4 Personen. Für mehrere Personen oder für den großen Hunger sollte man die Menge verdoppeln. Man kann dann die Pizzen in 2 Formen backen, wenn man einen Heißluftherd hat oder auf einem großen Blech im herkömmlichen Herd. Wenn man die Pizza nicht gleich essen möchte, sollte man sie auf einem Kuchengitter auskühlen lassen, damit der Boden knusprig bleibt.

Varianten: Für den Pizzabelag eignen sich neben Tomaten und Käse viele andere Zutaten wie zum Beispiel Artischockenböden oder gebratene Auberginen- und Zucchinischeiben.

Braucht etwas Zeit · Für Gäste

Quiche mit Weißkohl, Pilzen und Käse

Zutaten für eine Spring- oder Quicheform von 26 cm Ø ·
Für den Hefeteig: etwa ¼ l lauwarmes Wasser · 20 g frische Hefe · 2 gestrichene Teel. Salz · 400 g Weizen, feingemahlen ·
2 Eßl. Sonnenblumenöl oder weiche Butter
Für den Belag und die Sauce: 1 große Zwiebel · 600-700 g Weißkohl · 80 g Butter · 200 g Champignons · 30 g Weizen, feingemahlen · ¼ l Milch · 100 g Emmentaler oder Appenzeller, frisch gerieben · 2 Eier · Kräutersalz · 1 gestrichener Teel. gekörnte Gemüsebrühe · Pfeffer, frisch gemahlen · ½ Teel. Koriander, frisch gemahlen oder zerstoßen
Zum Bestreichen: 1 Eigelb · 2 Eßl. Milch
Für die Form: Butter oder Öl
Zum Bestreuen: 1 Eßl. beliebige Kräuter, frisch gehackt

Quiches in Varianten

Bei 8 Stücken etwa 1800 kJ/430 kcal
15 g Eiweiß · 22 g Fett · 40 g Kohlenhydrate · 8 g Ballaststoffe pro Stück

Vorbereitungszeit: etwa 1 Stunde
Backzeit: 30–35 Minuten

- Für den Teig das Wasser, die Hefe und das Salz in einer mittelgroßen Rührschüssel verrühren. Das Weizenmehl unterrühren. Das Öl oder die Butter hinzufügen und alles mit den Knethaken des Rührgeräts oder von Hand zu einem geschmeidigen Teig verkneten, bis er sich von der Schüssel löst. Sollte er zu fest sein, noch 1–2 Eßlöffel Wasser dazugeben. Sollte er zu klebrig sein, noch 1–2 Eßlöffel Mehl einarbeiten. Den Teig zugedeckt etwa 20 Minuten gehen lassen, bis er etwas aufgegangen ist und sich weich anfühlt.
- In der Zwischenzeit die Zwiebel schälen, kurz abspülen, halbieren und in dünne Scheiben schneiden.
- Von dem Weißkohl die äußeren unschönen Blätter entfernen, den Kopf halbieren und den Strunk keilförmig herausschneiden. Das Weißkraut in etwa ½ cm breite Streifen schneiden oder hobeln.
- Die Hälfte der Butter in einem mittelgroßen Topf erhitzen und die Zwiebel darin etwa 5 Minuten leicht bräunen. Die Weißkohlstreifen dazugeben, den Deckel auflegen und das Kraut und die Zwiebel bei mittlerer Hitze und eventuell unter Zugabe von 1–2 Eßlöffeln Wasser in etwa 10 Minuten halbweich dünsten und anschließend beiseite stellen.
- Inzwischen die Champignons unter fließendem Wasser abreiben, wenn nötig, unschöne Stellen abschneiden, und die Pilze in etwa ½ cm dicke Scheiben schneiden. In einer Pfanne die Hälfte der restlichen Butter erhitzen und die Pilze darin bei starker Hitze in 3–4 Minuten braun anbraten, danach beiseite stellen.
- Für die Sauce die restliche Butter in einem kleinen Topf aufschäumen lassen. Das Mehl dazugeben, bei mittlerer Hitze unter Rühren 1–2 Minuten leicht rösten lassen. Die Milch angießen und die Sauce unter Rühren kurz aufkochen lassen, bis sie dickflüssig ist. Die Sauce beiseite stellen.
- Den gegangenen Teig kurz zusammenkneten und in 2 Hälften teilen. Die Form fetten. Die Hälfte des Teiges in der Form mit den Fingern gleichmäßig ausdrücken und dabei einen etwa 2–3 cm breiten Rand hochziehen.
- Den Backofen auf 50° (Gas ½) einstellen und den Teig in der Form etwa 5 Minuten darin gehen lassen. Die Form herausnehmen und die Hitze auf 200° (Gas 2½–3) stellen.
- Den Käse, die Eier und die Gewürze in die Sauce einrühren und mit den Kohlstreifen vermischen. Die Kohlmasse auf den Teigboden gleiten lassen und die Champignons darauf verteilen.
- Den restlichen Teig auf der leicht bemehlten Arbeitsfläche in der Größe der Form auswellen und diesen als Deckel obenauf legen. Die Ränder gut festdrücken. Die Oberfläche 2- bis 3mal einschneiden, oder 3–4 Löcher mustermäßig einstechen, damit der beim Backen entstehende Dampf entweichen kann.
- Das Eigelb mit der Milch verrühren und die Quiche damit bestreichen.
- Die Quiche auf die mittlere Schiene in den Backofen stellen und in 30–35 Minuten goldbraun backen.
- Die fertige Quiche mit den Kräutern bestreut servieren.

Tip: Sehr dekorativ wirkt dieses Gericht, wenn Sie für den Teigdeckel einzelne Streifen aus der ausgewellten Platte schneiden und diese gitterförmig auf die Quiche legen. Sie können auch aus dem Teigdeckel vor dem Auflegen mit Ausstechern ein dekoratives Muster ausstechen.

Süßes aus der Form

Haben Sie noch Appetit auf etwas Süßes? Dann versuchen Sie doch mal die folgenden Rezepte! Sie werden Ihnen als Hauptgericht nach einem frischen Rohkostteller bestimmt gut schmekken. Wenn Sie nur einen kleinen Nachtisch brauchen, bereiten Sie nur die halbe Menge zu. Alle Gerichte werden mit Früchten und Zuckerrohrgranulat oder Honig sparsam gesüßt.

Ganz einfach · Schnell · Für Gäste

Bratäpfel im Mandelbiskuit

Bild Seite 72

Zutaten für 4-6 Personen:
Für die Füllung: 50 g Mandeln, grobgehackt · etwa 50 g ungeschwefelte Trockenfrüchte, wie zum Beispiel Aprikosen, Birnen oder Feigen · 2-3 Eßl. Rum oder Wasser und einige Tropfen Rumaroma · 4-6 Äpfel · 1 unbehandelte Zitrone
Für den Teig: 3-4 Eiweiße · 1 Prise Salz · 3-4 Eßl. heißes Wasser · 80 g Zuckerrohrgranulat oder 100 g Honig · 3-4 Eigelbe · 75 g Weizen, feingemahlen · 75 g Mandeln und 2-3 bittere Mandeln, feingerieben
Für die Form: Butter
Bei 4 Portionen etwa 2500 kJ/600 kcal
16 g Eiweiß · 26 g Fett · 71 g Kohlenhydrate · 7 g Ballaststoffe pro Person

Vorbereitungszeit: etwa 40 Minuten
Backzeit: 30-35 Minuten

- Die Mandeln in einer Pfanne trocken oder mit etwas Butter rösten. Die Trockenfrüchte in etwa ½ cm große Würfel schneiden und mit den gerösteten Mandeln und dem Rum oder dem Wasser und dem Rumaroma vermischen.
- Den Boden einer großen Auflaufform fetten.
- Die Äpfel waschen, schälen und das Kernhaus mit einem Apfelausstecher entfernen. Die Zitrone heiß abwaschen, trocknen, die Hälfte der Schale auf die Trockenfrucht-Mandelmasse reiben und unterrühren. Die Zitrone auspressen, die Äpfel mit dem Saft beträufeln und in die Auflaufform stellen. Die Mandel-Trockenfruchtmasse mit einem kleinen Löffel in die Apfelöffnungen füllen.

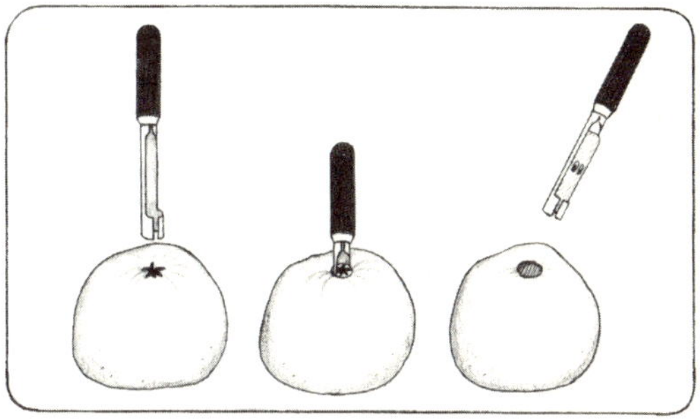

Mit dem Apfelausstecher läßt sich das Kerngehäuse mühelos aus einem Apfel herausstechen.

- Den Backofen auf 175° (Gas 2-2½) vorheizen.
- Die Eiweiße mit dem Salz und dem heißen Wasser mit dem Rührgerät in 1-2 Minuten zu steifem Schnee schlagen. Das Granulat oder den Honig und die Eigelbe nach und nach dazugeben und noch etwa 1-2 Minuten weiterschlagen, bis eine feste, cremige Masse entstanden ist, in der Rührspuren sichtbar bleiben. Das Weizenmehl und die Mandeln auf die Schaummasse geben und mit einem Schneebesen vorsichtig unterheben. Die Biskuitmasse zwischen die Äpfel einfüllen. Eventuell noch verbliebene Füllung in die Teigmasse streuen.
- Die Äpfel auf der mittleren Schiene des Backofens in 30-35 Minuten goldbraun backen. Die Äpfel dann sofort servieren.

Preiswert · Ganz einfach · Vielseitig

Reisauflauf mit Früchten

Zutaten für 4 Personen:
125 g Rundkorn-Naturreis, ersatzweise Langkornreis · etwa ¼ l Milch · 1 unbehandelte Zitrone · 100 g Sahne · 2 Eigelbe · ½ Teel. gemahlene Vanille · 20–40 g Zuckerrohrgranulat oder Honig (je nach Süße der Früchte) · 400–600 g Früchte, zum Beispiel Äpfel, Bananen, Pfirsiche oder Aprikosen · 50 g Haselnüsse, Mandeln oder Walnüsse, mittelgrob gehackt · 2 Eiweiße · 1 Prise Salz · 10 g Butter
Für die Form: Butter
Pro Portion etwa 1800 kJ/430 kcal
11 g Eiweiß · 25 g Fett · 52 g Kohlenhydrate · 5 g Ballaststoffe

Vorbereitungszeit: etwa 45 Minuten
Backzeit: 25–30 Minuten

- Den Reis in einem Sieb abspülen. Mit der Milch in einen kalt ausgespülten Topf geben. Die Zitrone heiß abwaschen, die Hälfte der Schale dünn abschälen (ohne die weiße Haut), feinschneiden und in den Topf geben. Alles zugedeckt einmal aufkochen lassen, dann den Reis bei schwacher Hitze in etwa 30 Minuten ausquellen lassen. Das Nachquellen erfolgt dann in der Auflaufform!
- Inzwischen die Sahne mit den Eigelben, der Vanille und dem Granulat oder Honig verrühren.
- Die Zitrone durchschneiden und eine Hälfte auspressen.
- Die Früchte waschen, vom Kernhaus beziehungsweise Kern befreien, in Viertel beziehungsweise Scheiben schneiden und mit 1–2 Eßlöffeln Zitronensaft beträufeln.
- Den Backofen auf 200° (Gas 2½–3) vorheizen und eine flache Auflaufform fetten.
- Die Sahne-Eimischung und die Hälfte der Nüsse in den Reisbrei einrühren.
- Die Eiweiße mit dem Salz steif schlagen und mit dem Schneebesen vorsichtig unter die Reismasse heben. Die Hälfte des Reises in die Form füllen. Die Fruchtstücke darauf verteilen und die restliche Masse daraufgeben. Die restlichen Nüsse darüberstreuen und die Butter in Stückchen daraufsetzen.
- Den Auflauf auf der mittleren Schiene des Backofens 25–30 Minuten backen, bis die Oberfläche leicht gebräunt ist.

Varianten: Sie können für diesen Auflauf auch andere frische Früchte oder Trockenobst verwenden. Dieses sollte einige Stunden vorher eingeweicht, und wenn nötig, entkernt werden. Anstelle von Reis paßt für diesen Auflauf auch sehr gut die mild schmeckende Hirse.

Vielseitig · Für Gäste

Quarkgratin mit Früchten

Bild Umschlag-Rückseite

Dieses Gericht kann eine sättigende Mahlzeit sein oder, auf Tellern portionsgerecht zubereitet, ein edler Nachtisch.

Zutaten für 4–6 Personen:
Etwa 200 g Früchte nach Jahreszeit, zum Beispiel Erdbeeren, Kirschen, Aprikosen, Zwetschgen und Äpfel · 3–4 Eiweiße · 1 Prise Salz · 3–4 Eigelbe · 40–50 g Zuckerrohrgranulat oder 50–60 g heller Honig (je nach Süße der Früchte) · 1 Messerspitze gemahlene Vanille · 1 unbehandelte Zitrone · 1 Teel. Zitronensaft · 400 g Sahnequark · 50 g Sahne · 10–20 g Weizen, feingemahlen
Für die Form: Butter

Bei 4 Portionen etwa 1600 kJ/380 kcal
18 g Eiweiß · 22 g Fett · 23 g Kohlenhydrate · 1 g Ballaststoffe pro Person

Vorbereitungszeit: etwa 30 Minuten
Backzeit: 20–25 Minuten

- Die Früchte waschen und gegebenenfalls entkernen. Das Obst je nach Sorte halbieren, in feine Schnitze oder Scheiben schneiden und zugedeckt beiseite stellen.
- Die Eiweiße mit dem Salz steif schlagen und beiseite stellen.
- Den Backofen auf 180° (Gas 2–2½) vorheizen und eine flache Auflaufform oder 4 feuerfeste flache Teller leicht fetten.
- Die Eigelbe mit dem Granulat oder dem Honig verrühren. Die Vanille dazugeben. Die Zitrone heiß abwaschen, abtrocknen und die Schale auf die Masse reiben. Den Zitronensaft einrühren. Den Quark, die Sahne und das Weizenmehl nach und nach unterrühren.
- Den Eischnee mit dem Schneebesen vorsichtig unter die Masse heben.
- Die Quarkmasse in die Form einfüllen. Die Früchte oder die Fruchtstücke in einem Muster oder unregelmäßig verteilt in die Masse versinken lassen.
- Den Gratin auf der mittleren Schiene des Backofens 20–25 Minuten überbacken, bis die Oberfläche goldbraun ist.

Variante: Diese Quarkmasse können Sie auch mit gekochtem Reis oder Hirse und verschiedenen Fruchtsorten in eine Auflaufform einschichten.

Tip: Wenn Sie diesen Gratin in Portionstellern gratinieren möchten, vergewissern Sie sich vorher, wieviele Teller in ihren Backofen passen.

Raffiniert · Schnell · Für Gäste

Orangensoufflé

Zutaten für 4 Personen:
knapp 200 ccm Milch · 40 g Butter · 40 g Weizen, feingemahlen · 50–60 g Zuckerrohrgranulat oder 60–80 g heller Honig · 2 unbehandelte Orangen · 1–2 Eßl. Orangenlikör oder Orangensaft · 1 Eßl. Orangensaft · 3–4 Eigelbe · 3–4 Eiweiße · 1 Prise Salz
Für die Förmchen: Butter
Zum Bestäuben: 1 Teel. Wildpfeilwurzelmehl · einige Orangenschalenstreifen
Pro Portion etwa 1200 kJ/290 kcal
9 g Eiweiß · 17 g Fett · 27 g Kohlenhydrate · 2 g Ballaststoffe

Vorbereitungszeit: etwa 25 Minuten
Backzeit: etwa 20 Minuten

- Die Milch in einen kleinen Topf geben. Die Butter, das Weizenmehl und das Granulat oder den Honig einrühren und alles unter weiterem Rühren zum Kochen bringen. Etwa 1–2 Minuten weiterkochen lassen, bis die Masse dick ist, dann zum Abkühlen beiseite stellen.
- Den Backofen auf 180° (Gas 2–2½) vorheizen und 4 kleine halbhohe Auflaufförmchen etwa 3 Minuten darin anwärmen. Den Boden der Förmchen fetten.
- Die Orangen heiß abwaschen und abtrocknen. Die Schalen abreiben (die weiße Haut darf nicht mit abgerieben werden) und in die Creme geben. Den Orangenlikör, den Orangensaft und die Eigelbe einrühren.
- Die Eiweiße mit dem Salz steif schlagen und mit einem Schneebesen vorsichtig unterheben. Die Masse in die Förmchen füllen.
- Sofort auf die mittlere Schiene in den Back-

ofen schieben und die Soufflés in etwa 20 Minuten goldbraun backen. Dabei die Backofentüre während der ersten 15 Minuten keinesfalls öffnen.

- Die fertigen Soufflés mit dem Wildpfeilwurzelmehl bestäuben, mit den Schalenstreifchen garnieren und sofort servieren.

Resteverwertung · Ganz einfach

Ofenschlupfer

Diese Leckerei aus Schwaben kann in der Vollwertküche wieder eine Renaissance erleben. Zudem eignet sich dieses Gericht hervorragend zur Verarbeitung von altbackenem Kuchen oder Plätzchen.

Zutaten für 4-6 Personen:
5 altbackene Weizenvollkornbrötchen oder etwa 300 g trockene Rührkuchenreste oder Vollkornplätzchen · etwa ½ l Milch (je nachdem, wie trocken die »Reste« sind) · 500 g-600 g säuerliche Äpfel (zum Beispiel Boskop) ·
50 g ungeschwefelte Sultaninen oder Rosinen · etwa 50 g Zuckerrohrgranulat oder 60 g Honig (je nach Süße der Früchte und der Kuchenreste) · ½ Teel. Zimtpulver ·
50 g Mandeln oder Haselnüsse, grobgehackt ·
2-3 Eßl. Rum oder Wasser und einige Tropfen Rumaroma · 100 g Sahne · 2-3 Eier ·
20 g Butter (nur bei Brötchen)
Für die Form: Butter
Bei 4 Portionen etwa 2800 kJ/670 kcal
17 g Eiweiß · 30 g Fett · 78 g Kohlenhydrate ·
6 g Ballaststoffe pro Person

Vorbereitungszeit: etwa 30 Minuten
Backzeit: 30-35 Minuten

- Die trockenen Brötchen, Kuchen oder Plätzchen in der Hälfte der Milch einweichen und etwa 10 Minuten quellen lassen. Wenn die Flüssigkeit aufgesogen ist, die Reste aber noch nicht ganz aufgeweicht sind, noch etwas Milch nachgießen und die Brötchen beziehungsweise Kuchenstücke wenden.
- Die Äpfel waschen, halbieren, vom Kernhaus befreien und in eine mittelgroße Schüssel hinein mittelgrob raspeln oder stifteln. Die Sultaninen oder Rosinen mit etwa 1 Tasse kochendem Wasser überbrühen, 2-3 Minuten stehenlassen, dann in ein Sieb abgießen und mit dem Granulat oder Honig, dem Zimtpulver, drei Vierteln der Nüsse und dem Rum oder Wasser und Rumaroma unter die Äpfel mischen.
- Den Backofen auf 200° (Gas 2½-3) vorheizen. Eine flache oder hohe Auflaufform fetten.
- Die eingeweichten Brötchen oder Kuchenreste mit den Fingern grob zerpflücken, mit der Apfelmasse vermischen und in die Form füllen.
- Die Sahne mit den Eiern verquirlen, gleichmäßig über den Auflauf verteilen, einziehen lassen und die Oberfläche glattstreichen. Nochmal überprüfen, ob die Masse saftig ist und gegebenenfalls noch etwas Flüssigkeit nachgießen. Eventuell die Butter in Stückchen darauf verteilen und die restlichen Nüsse darüberstreuen.
- Den Ofenschlupfer auf der unteren Schiene des Backofens 30-35 Minuten backen, bis die Masse gestockt und gebräunt ist. Dann den Ofen abschalten und den Auflauf noch etwa 10 Minuten im Backofen stehenlassen.
- Den Auflauf warm oder kalt servieren.

Das paßt dazu: Vanille- oder Weinschaumsauce und geschlagene Sahne

Varianten: Für den Ofenschlupfer eignen sich als Obsteinlage auch sehr gut andere Früchte, wie zum Beispiel Kirschen oder Zwetschgen.

Tip: Wenn Sie frische Brötchen verwenden, brauchen Sie nur ungefähr ¼ l Milch und 50 g Sahne, da diese weniger Flüssigkeit aufsaugen. Frische Brötchen können Sie gleich in Scheiben schneiden und abwechselnd mit der Apfelmasse, den Nüssen und der Eiermilch in die Form einschichten. Wenn die Kuchen oder Plätzchenreste so hart sind, daß sie in der angegebenen Zeit nicht aufweichen, können Sie diese mit einem elektrischen Zerkleinerungsgerät zerbröseln.

Ganz einfach · Preiswert

Knuspriger Apfelauflauf

Zutaten für 4 Personen:
60 g ungeschwefelte Rosinen · 2 Eßl. Rum oder Wasser und Rumaroma · 150 g Hafer, grobgeschrotet (ersatzweise Vollkorn-Haferflocken) · 50 g Hirse, feingemahlen · 1–2 Eßl. Kokosnußfleisch, frisch geraspelt · ½ Teel. Zimtpulver · ¼ Teel. gemahlene Vanille · 60 g Zuckerrohrgranulat oder 70 g Honig · 60 g kalte Butter · 500 g saftige Äpfel · 100 g Haselnüsse, Mandeln oder Walnüsse, grobgehackt
Für die Form: Butter
Pro Portion etwa 2900 kJ/690 kcal
12 g Eiweiß · 34 g Fett · 79 g Kohlenhydrate · 8 g Ballaststoffe

Vorbereitungszeit: etwa 35 Minuten
Backzeit: 30–35 Minuten

- Die Rosinen mit kochendem Wasser überbrühen, abgießen und mit dem Rum oder Wasser und Rumaroma und 1–2 Eßlöffeln Wasser einweichen.
- Den Haferschrot mit dem Hirsemehl, den Kokosraspeln, dem Zimtpulver, der Vanille und dem Granulat oder dem Honig vermischen. Die Butter in Stückchen dazugeben und alle Zutaten mit den Fingern oder dem Rührgerät verkrümeln.
- Den Backofen auf 200° (Gas 2½–3) vorheizen.
- Eine flache Auflaufform fetten und die Hälfte der Krümelmasse einfüllen.
- Die Äpfel schälen, vierteln, vom Kernhaus befreien und in kleine Stückchen schneiden oder stifteln. Mit den Rosinen, der Einweichflüssigkeit und den Nüssen vermischen und auf der Krümelmasse in der Form verteilen. Die restliche Masse darüberstreuen.
- Den Auflauf auf der mittleren Schiene des Backofens 30–35 Minuten backen, bis die Oberfläche knusprig ist.
- Noch ofenwarm oder kalt servieren.

Das paßt dazu: geschlagene Sahne oder Vanillesauce

Ganz einfach · Preiswert

Hirsegratin mit Äpfeln

Zutaten für 4–6 Personen:
400 ccm Wasser · 1 Zimtstange · ½ Teel. gemahlene Vanille · 200 g Hirse · 50 g ungeschwefelte Rosinen · 500–600 g säuerliche Äpfel (zum Beispiel Boskop) · 1 unbehandelte Zitrone · 60–80 g Zuckerrohrgranulat oder 80–100 g Honig · 150 g Haselnüsse, grobgehackt · 100–150 g Sahne · 2 Eigelbe · 1 Eßl. Rum oder Wasser und einige Tropfen Rumaroma · 2 Eiweiße · 1 Prise Salz · 20 g Butter
Zum Verzieren: 1 kleiner Apfel
Bei 4 Portionen etwa 3400 kJ/810 kcal

15 g Eiweiß · 43 g Fett · 90 g Kohlenhydrate · 10 g Ballaststoffe pro Person

Vorbereitungszeit: etwa 40 Minuten
Backzeit: 25–30 Minuten

- Das Wasser mit der Zimtstange und der Vanille zum Kochen bringen. Die Hirse in einem Sieb abspülen, dazugeben und zugedeckt bei schwacher Hitze etwa 15 Minuten köcheln und anschließend weitere 15 Minuten auf der abgeschalteten Kochplatte ausquellen lassen.
- Die Rosinen mit heißem Wasser überbrühen und kurz darin quellen lassen.
- Inzwischen die Äpfel waschen, halbieren, vom Kernhaus befreien und mittelgrob raspeln oder stifteln. Die Zitrone heiß abwaschen, trocknen und die Schale auf die Äpfel reiben. Die Hälfte der Zitrone auspressen und den Saft mit der Apfelmasse vermischen. Das Granulat oder den Honig, zwei Drittel der Nüsse und die Rosinen ebenfalls mit der Apfelmasse vermischen.
- Die Hirsemasse zu der Apfelmischung geben. Die Sahne, die Eigelbe und den Rum oder das Wasser und Rumaroma verquirlen und in die Hirse-Apfelmasse einrühren.
- Den Backofen auf 200° (Gas 2½–3) vorheizen und eine flache Auflaufform bereitstellen.
- Die Eiweiße mit dem Salz steif schlagen und mit einem Schneebesen vorsichtig unterheben. Die Masse in die Form füllen und glattstreichen. Die restlichen Nüsse darüberstreuen und die Butter in Stückchen daraufsetzen.
- Den Gratin auf der mittleren Schiene des Backofens 25–30 Minuten backen, bis die Oberfläche goldbraun ist.
- Den gebackenen Gratin mit hauchdünn geschnittenen Apfelscheibchen garnieren und servieren.

Das paßt dazu: geschlagene Sahne oder Vanillesauce

Ganz einfach · Schnell

Gratinierte Fruchtmischung

Bild 3. Umschlagseite

Zutaten für 4–6 Personen:
200 g Stachelbeeren · 100–150 g Rhabarber · 80 g Zuckerrohrgranulat oder 100 g Honig · 150 g Haselnüsse, feingemahlen · 3 Eiweiße · 1 Prise Salz · 3 Eigelbe · ½ Teel. gemahlene Vanille · 1 unbehandelte Zitrone · 3 Eßl. Sahne
Bei 4 Portionen etwa 1900 kJ/450 kcal
11 g Eiweiß · 31 g Fett · 31 g Kohlenhydrate · 8 g Ballaststoffe pro Person

Vorbereitungszeit: etwa 30 Minuten
Backzeit: 25–30 Minuten

- Die Stachelbeeren waschen und abtropfen lassen. Die Rhabarberstangen waschen, wenn sie sehr dick sind, längs halbieren und in etwa 1 cm große Stücke schneiden. Ein etwa 5 cm langes Rhabarberstück und etwa 5 Stachelbeeren zum Verzieren beiseite legen.
- Die Rhabarberstücke in einem kleinen Topf mit 1 Eßlöffel Zuckerrohrgranulat oder Honig vermischen und einige Minuten ziehen lassen.
- Inzwischen die Stachelbeeren mit der Hälfte der geriebenen Nüsse vermischen und in eine flache Auflaufform geben.
- Den Backofen auf 200° (Gas 2½–3) vorheizen.
- Den Rhabarber in dem Topf kurz aufkochen lassen. Dabei eventuell 1–2 Eßlöffel Wasser dazugeben. Die Rhabarberstücke sollen nur ganz leicht vorgaren, dürfen aber nicht zerfallen. Die Rhabarberstücke dann auf die Stachelbeeren geben.
- Die Eiweiße mit dem Salz steif schlagen. Das restliche Granulat oder den Honig und die Eigelbe nach und nach dazugeben und noch etwa

1 Minute weiterschlagen, bis eine feste, cremige Masse entstanden ist, in der Rührspuren sichtbar bleiben. Die gemahlene Vanille hinzufügen. Die Zitrone heiß abwaschen, abtrocknen und die Hälfte der Schale auf die Masse reiben. Die restlichen Nüsse und die Sahne mit dem Schneebesen vorsichtig unterheben. Die Baisermasse auf die Früchte gleiten lassen und glattstreichen.

- Die Fruchtmischung auf der mittleren Schiene des Backofens 25–30 Minuten backen, bis die Oberfläche goldbraun ist.
- Die restlichen Stachelbeeren halbieren und den Rhabarber in feine Scheibchen oder Stifte schneiden und den Gratin damit garnieren. Sofort servieren!

Variante: Für diesen Gratin können Sie auch andere Früchte der Jahreszeit verwenden wie zum Beispiel Pfirsiche, Bananen, Orangen, Erdbeeren oder Johannisbeeren.

Geht schnell

Salzburger Nockerl

Dieser berühmte feine Nachtisch ist schnell zubereitet und läßt sich vielseitig kombinieren.

Zutaten für 4 Personen:
4 Eiweiße · 1 Prise Salz · 3–4 Eßl. heißes Wasser · 40–50 g Zuckerrohrgranulat oder Ahornsirup · 3 Eigelbe · ¼ Teel. gemahlene Vanille · 1 unbehandelte Zitrone · 30–40 g Weizen, sehr fein gemahlen
Für die Form: Butter
Zum Bestäuben: Wildpfeilwurzelmehl
Pro Portion etwa 610 kJ/150 kcal
7 g Eiweiß · 5 g Fett · 17 g Kohlenhydrate · 1 g Ballaststoffe

Vorbereitungszeit: etwa 15 Minuten
Backzeit: 10–15 Minuten

- Den Backofen auf 180° (Gas 2–2½) vorheizen und eine flache Auflaufform etwa 5 Minuten darin anwärmen.
- Die Eiweiße in einer Rührschüssel mit dem Salz und dem Wasser mit dem Rührgerät in etwa 1 Minute zu steifem Schnee schlagen. Das Granulat oder den Ahornsirup einrühren, dann nach und nach die Eigelbe. Die Masse so lange weiterschlagen, bis eine feste, cremige Masse entstanden ist, in der Rührspuren sichtbar bleiben.
- Die Vanille dazugeben. Die Zitrone heiß abwaschen, abtrocknen und etwa ein Viertel der Schale auf die Eimasse reiben. Die Zitrone halbieren, eine Hälfte auspressen, 1 Teelöffel des Saftes zu der Masse geben und unterrühren.
- Das Mehl darüberstäuben und mit einem Schneebesen vorsichtig unterheben.
- Die Auflaufform aus dem Backofen nehmen und ein kleines Stückchen Butter auf dem Boden der Form verlaufen lassen. Die Eimasse mit einem Teigschaber in Form von 2–3 kleinen Hügeln einfüllen.
- Die Nockerl auf der mittleren Schiene des Backofens 10–15 Minuten backen, bis die Oberfläche goldbraun und das Innere noch weich ist.
- Das Soufflé mit Wildpfeilwurzelmehl bestäuben, dann sofort servieren, dazu mit einem Löffel Nockerl ausstechen

Das paßt dazu: frischer Obstsalat, Kompott oder Eis

Rezept- und Sachregister

Kursiv gesetzte Seitenzahlen verweisen auf Farbbilder.

»Vollwertkost, die schmeckt«

Vollwertig essen – gesünder leben. Die GU Kochbücher der naturgemäßen Ernährung. Schmackhafte Rezepte und praktische Tips für alle, die unkompliziert und dennoch vollwertig kochen und essen wollen.

Jeder Band mit 104 Seiten, 20 – 30 Farbfotos und mit Zeichnungen. Paperback.

Jedes Rezept von GU doppelt geprüft.

Johanna Handschmann
Aufläufe aus der Vollwertküche
Reizvolle Rezepte und praktischer Rat.

Benita von Eichborn
Gemüse aus der Vollwertküche
Schmackhafte Rezepte und praktischer Rat. Mit Warenkunde und Saisonkalender.

Benita von Eichborn
Hülsenfrüchte in der Vollwertküche
Schmackhafte Rezepte und praktischer Rat.

Ingrid und Annette Früchtel
Natürliche Vorratshaltung in der Vollwertküche
Einmachen, Einsäuern, Dörren und Einfrieren von Obst, Gemüse, Pilzen und Kräutern. Erprobte Rezepte und praktischer Rat.

Benita von Eichborn
Rohkost und Salate aus der Vollwertküche
Schmackhafte Rezepte und praktischer Rat.

Marey Kurz
Soja in der Vollwertküche
Rat und Rezept-Ideen zum Kochen und Backen mit den Soja-Varianten Bohnen, Mehl, Mark, Milch, Sauce, Tofu und Miso. Das umfassende Soja-Kochbuch.

Eva Rittinger
Süßes aus der Vollwertküche
Gesunde Rezepte und praktischer Rat.

Reinhard Welscher
Vollwertig backen in 1 Pfanne
Aufläufe, Pizzen, Pasteten – Brote, Kuchen und vieles mehr. Erprobte Rezepte und praktischer Rat.

Marey Kurz
Vollwertkost, die Kindern schmeckt
Erprobte Rezepte und praktischer Rat für richtige Ernährung im Kleinkind- und Schulalter.

Marey Kurz
Vollwertküche – schnell und leicht
Schmackhafte Rezepte und praktischer Rat.

Marey Kurz
Vollwert-Rezepte für 1 Person
Köstlich, gesund und unkompliziert.

GU Gräfe und Unzer

Rezept- und Sachregister

Die Gratinierte Fruchtmischung ist ▷ schnell zubereitet. Die Nüsse passen besonders gut zu der leichten Säure der Früchte. Rezept Seite 100.